書不盡言
言不盡意
有覽聖智
完成人格

辛卯冬 二〇三年
九四禧壽
南懷瑾

我说参同契（下册）

南怀瑾 著述

复旦大学
出版社

出版说明

　　《参同契》是早期道教重要典籍，全名《周易参同契》，共分三卷，东汉魏伯阳撰。书中借用乾、坤、坎、离、水、火等法象，以明炼丹修仙之术。为道教系统论述炼丹的最早著作，道教奉为"丹经王"，是千古丹经之鼻祖。

　　本书是南怀瑾先生一九八三年在台湾讲解《参同契》的记录，分上、中、下三册。南怀瑾先生选讲这本著作，旨在引导学人进入对中华重要典籍的初步研讨。南怀瑾先生认为：《参同契》参合了三种原则相同的学问，且熔于一炉——老庄、道家的丹道，还有《易经》的学问，是一本非读不可的秘密典籍。《参同契》不止是丹经道书，它既是哲学又是科学，也是古典文学之作，其中包含了中华民族最高深之承天接地的文化。《参同契》素有"天书"之称。这部因深奥而埋藏已久的天书，因南师深入浅出的讲解而重新散发光芒。

　　本书原由台湾老古文化事业公司出版。兹经版权方台湾老古文化事业公司授权，复旦大学出版社将老古公司二〇〇九年三月版校订出版，以供研究。

复旦大学出版社
二〇一七年七月

目录

我说参同契

我说 参同契

第五十四讲

还丹名义章第十五

推演五行数，较约而不繁。举水以激火，奋然灭光明。日月相薄蚀，常在晦朔间。水盛坎侵阳，火衰离昼昏。阴阳相饮食，交感道自然。

名者以定情，字者缘性言。金来归性初，乃得称还丹。

吾不敢虚说，仿效圣人文。古记显龙虎，黄帝美金华。淮南炼秋石，玉阳加黄芽。贤者能持行，不肖毋与俱。古今道由一，对谈吐所谋。学者加勉力，留念深思维。至要言甚露，昭昭不我欺。

水火交感还丹

这一章叫做"还丹名义章"，"此章结言还丹名义"，为什么叫还丹？"不外水火之性情也"，就是后天自己的性情。性情这两个字出于《礼记》，我们上古就有。心性之说来自佛学，不过我们上古文化也用到心，但是把生命重点分成两个部分，一个是性，人性、本性；一个是情，等于后来佛学讲的心，妄想的心，就是我们所谓的七情六欲。七情是喜、怒、哀、乐、爱、恶、欲，这也有些不同讲法。六欲呢？是佛学后来加上的，《礼记》里面没有提到，固有文化里头没有，是印度文化过来的。所谓六欲，就是色、声、香、味、触、法。古代讲性情这两个字就包含一切了。

"推演五行数，较约而不繁。举水以激火，奋然灭光明。日月相薄蚀，常在晦朔间。水盛坎侵阳，火衰离昼昏。阴阳相饮食，交感道自然。"我想如果照原文慢慢研究，不如直接看他的注解，反正注解里头有重叠提到原文。

"此节，言水火交感。虽变，而不失其常也。"这个水火交感，我们已经讲过好多次。水火交感就是坎离交，水是坎卦，火是离卦，清净的谓之水，燥炎的就是火。在人体上，水是属于肾部，火是心部。所以中国医书讲，人老睡眠就少，因为心肾不交。婴儿生下来大概睡眠十六个钟头，慢慢变成十二个，儿童总要十个钟头，至少八九个钟头睡觉。越老睡眠就越少，老了就睡不着。我们常常讲，人老有几个相反的现象：哭起来没有眼泪，笑起来眼泪就出来了；现在的事情告诉他马上就忘记了，小时候的事情都会记得；坐着就睡觉，躺下去反而睡不着。人老了很多古怪的事情，都是相反的。医学的道理，心肾不交就是水火不交。道家有个办法，不管老年中年或是少年，失眠时，把身体蜷起来睡，变成婴儿状态，两个脚缩拢来，两手也抱起来，容易睡着，这是勉强使心肾气交。交就是连起来接上电了，这样可以睡着。

火在下　水在上

老年人气向下面走，所以多屁，气漏的多了。神向上面跑，气向下面走，所以年老前列腺也容易出毛病，厕尿答答滴了，不是直线地向前面冲出去的，也是因为心肾不交，水火不调。心肾不交是没有了中气，因为上下的气拉开了。所以到临死的时候，上面出气，下面也出气，放屁大小便一起来，一刹那间就完了，上下脱开了。所以我们这个卦象也叫"互卦"，彼此挂钩一样互相挂着。我们人体的水火二气，在身体健康时，火在下，水在上，头脑是冷静的。血压高是下面气虚了，就像婴儿吃牛奶的胶奶瓶，你把牛奶装一半，把这个瓶下面捏扁没有气了，这个奶就到上面来了；下面一放松，牛奶就降下来了。所以下元的气充实时，血压自然降下来。所以这个水火交感，是火在下时阳气充足，上面头脑才清净。

修道到了元气在下充实，上面头脑清凉，不论佛家道家，所谓上面玉液还丹，清凉甜味的口水就经常有。人老口干没有水，所以有许多老年人变成哈巴狗一样，嘴巴张开看电视，看东西时嘴跟眼睛也同时张开，像花一样张开。你看花要谢的时候，就张开得很大。这些好像是笑话，由这个笑话，你了解了自己，晓得调养身体。所以水火要交感，交感就是要上下颠倒过来。你感觉夏天不怕热，冬天不怕冷，自以为有功夫，寒暑不分，那是不对的。所以要懂得《易经》的道理："夫大人者，与天地合其德，与日月合其明，与四时合其序，与鬼神合其吉凶。"得道的人就要有那么伟大。

当年我们在四川很有意思，有一位四川老先生的《易经》学问很高明，未卜先知，很多达官贵人名流学者都跟他学。我找了四川几位非常有名的老前辈，所谓五老七贤之流，介绍我去见他，结果他不教我。为什么？他说"易学在蜀"，让四川的朋友都会了，再教你外省人。我说我不学了，凭你这句话就说明你没有学问，你教我我也不学了。后来他们讲这是玩笑话啊！他跟我也交往了，但是他讲《易经》我就不来听。后来他讲《易经》也提到这个圣人境界，我就给他吹起来，我说你懂不懂修道？只会讲"与天地合其德，与日月合其明"，这种境界我都到了的。他说，你可以？那很不得了啊！我说不但我到了，你也到了，大家都到了，都是圣人。我说你根本讲错了，圣人也是人，人个个是圣人，尧舜是人，个个也可以成尧舜，这是理学家的话，我一点都不吹牛啊。《易经》这个地方，我花三天工夫才把这几句话读通，我完全到了。他说，那你讲！

我说，我从来没有把天当成地，也没有把地当成天，我哪样不是"与天地合其德"啊!"与日月合其明",我没有把夜里当白天,也没有把白天当夜里,所以天亮了我起来,夜里就该睡觉。"与四时合其序",我说夏天我也不穿皮袍,冬天我绝不会穿汗衫,冷了就多穿,热了就少穿。"与鬼神合其吉凶",那个鬼的地方我也怕,凶的地方我不来。我说,很平凡的事,你为什么把它讲得那么伟大呢?最伟大就是最平凡,"道法自然",违反自然都不对。即使你到了可以违反自然,你的生活行为还要和普通人一样的自然,那就是道了!即使不是圣人,也是剩下来的剩人了。圣人跟剩人差不多的,你千万不要把自己变成一个圣人的样子,那是世界上最愚蠢的人。

交感变化

现在我们回头再说所谓水火交感,这个中间有变化的。刚才讲到火一定在下,但不是发烫,也不是发热,也不是说手发烫就可以给你治病,这种花样多得很。好几个朋友,当年给人家治病,最后治了半天,自己也治倒了。这个像充电一样,是有限的,因为你不是真的有道啊。偶然小病可以帮帮忙,大病绝对不灵,这样给人家治得好吗?我"未之见也"!

道要正常,正常就是道,平常就是道,千万要注意啊!所以讲水火交感,水火相交,火在下水在上,这是比喻而已!道家也有很多的方法,但属于旁门,不过旁门也是门,有时候你们也可以用。大约二十几年前,日本人发明的温灸器,放在肚脐上,暖暖的,可以治肠胃病。这是日本人把中国道家的老方法拿出来卖钱,这个在道家叫做灸脐法。其实用不着那个,我教你们,年纪大的朋友都可以用,比较保险。用桂圆肉一颗(新鲜的叫龙眼,干的叫桂圆),

花椒六七颗，加上那个艾绒一同打烂，晚上睡觉的时候挑一点点，小指甲面那么大，放在肚脐里就行了。你不要小看我们的肚脐，肚脐会吸收的！

大陆当年有些吃鸦片的人，政府禁烟，抓住了要关起来，所以不敢抽啦，就把鸦片烟膏放在肚脐上，效果差不多。肚脐有个孔，我们在娘胎里头的饮食、呼吸都靠这个肚脐连到母亲。所以把这个药放在肚脐，用橡皮贴把它封住去睡觉，比那个温灸器还要好。胃病也好，各种病都好，老年人的身体绝对保健康，身体需要就吸进去了，不要的它不吸。这样就会水火交感了，继续二三天后，早晨起来嘴也不苦啦，口也不干啦，肠胃病都会好了。这个是真的秘方，你们也可以替人家治病，不过不要收钱，我公开讲的你们去卖钱，那不太好啊！这个水火交感，火在下，就是元气在下，水在上，也就是清凉的在上。所以老年人口水多，脚底心还发暖，冬天脚都不怕冷的，一定长寿。

"虽变而不失其常也"，变化过程当中，能变化的那个道体不变，那个是常，是本性，这是先讲一个原则。"盖丹道之要，不外一水一火"，所以修性命之道的要点就是一水一火。拿我们人的生命来讲，譬如我们思想就是火，人的生命都被这个不断的思想情绪烧光了。什么是水呢？宁静没有思想了，气沉，神凝气聚，那个境界就是水。清净就是水，躁动则是火。

我们讲这个水火的道理，有一个故事。唐朝有一个老和尚，真正得道的，叫鸟窠禅师。他没有庙，在大树上面盖个草棚，像鸟窝一样，他就住在那里，打坐、睡觉都在那里。这棵树在杭州一个山顶上，下面是个悬崖，虽然不太高，人如果掉下去，虽然不死也要重伤的。那时出名的诗人白居易做杭州的太守，杭州西湖有一条堤叫"白堤"，就是白居易时候修的。白居易听到这个鸟窠禅师很有道，就去访他，看见老和尚住在树上面，他说，老师父，你住在这里太危险了！老和尚说，太守，我一点也不危险，你才危险。白居易就问他，弟子位镇江山，有何危险呢？鸟窠禅师讲，太守你"薪火相交，识性不停，得非险乎？"他说白居易文章好诗也好，做官天天都在用脑筋，这就是心火相煎，念识不停，这样太危险了，生命要烧干的呀！因为心念就是火。白居易一听，有道理，再问鸟窠禅师，师父啊，佛法太麻烦了，有没有简单一条路一个方法？鸟窠禅师说，"诸恶莫作，众善奉行"。以白居易的学问，一听就说，师父，这两句话三岁小孩都知道。鸟窠禅师说："三岁小孩都知道，百岁老翁行不得"，人活到一百岁也做不到。

　　这一段故事就是说明，水代表身心清净那个境界，火代表念识奔驰，就是我们心头的思想念头。

水火本是一家

　　"水火本出一原，后分两物"，所谓静的与动的两种状态，根源本是一个，但是我们一般人，头脑身心都不能清净，天天都在后天的虚火里头烧，结果把本来是一个源头的动静分成了两路。

　　"乾中一阳，走入坤宫成坎，坎中有太阳真火。坤中一阴，转入乾宫成离，离中有太阴真水。"这个同中国医学有关系啦！"乾中一阳"，乾代表我们生命的本身，其中那一点阳能走入坤宫成坎。到了我们身体内部，到了下部坤宫，成坎，坎就是中医所讲的肾；肾不是指两个腰子，是肾上腺等各种荷尔蒙系统。在我们生命之中，阳发动在下部，发动时，男女两性欲念来了，佛家讲这叫欲界。其实欲的本身不是罪过，配上思想念头就坏了。欲是乾中一阳来的，生命的火力发动，本来并没有欲，是好的能量，譬如婴儿就是这个样子。

"坎中有太阳真火"，这个是生命能，可是一般凡夫当太阳真火一发动时，男性就是阳举，女性也有感到冲动的状态，一加上欲念的习惯，就走漏了，变坏了。如果太阳真火能累积起来，就是长生不死的一味重要的药，这是讲阳，变成这个样子。

阴方面呢？"坤中一阴"，就是我们的下部由于阳发动了，又重新归到宁静。它像这个地球的气候一样，夏天吸收太阳的热能，地心热气上升，碰到凉气变成雨下来，我们身体变化也是这样。所以，"坤中一阴，转入乾宫成离"，这个气向上走，进入上面的乾宫变成离，离卦（☲）中间一爻是阴，所以说"离中有太阴真水"。这是脑下垂体的荷尔蒙，是人最重要的。老年修道的人，有口水源源而来，是太阴真水，这是玉液还丹长生不死之药。

"水火二炁，互藏其根"，这种现象的根本在哪里看不出来，功夫到那里你自然体会到了。"化化不穷，五行全具其中"，是生生不已的，这是第二套的功夫，第二重的投影，也就是开始修道的基本道理。它变化作用，由上下降，由下上升，所以大家打坐，也是健康长寿之道，一打坐就宁静，宁静就休息了。生命都是自己用得太多、太快，把生命用完了，多休息总会慢点死吧！打坐的效果就是这个道理嘛！打坐时身上气动起来了，你不要跟它晃动，晃动是你下意识在跟它动。有时还打起太极拳来，有些人说是打神拳，你不准它动，它就不动了。有时自己又结手印了，都在那里发神经！如果心境宁静，不管身体怎么变化，一概不理，就是正定。下意识有个正定，又不对了。空灵也不管，也不管这些动的现象，自然会回归到静，就会正常，那就"化化不穷"，变化就出来了。

所以定是个好事，不要去导引它，也不要故意去空它，两个腿一盘，眼睛一闭本来就定了，你何必要去加一个定呢？佛菩萨告诉你不增不减，你坐在那里又增又减，定就是定，就怕你不能真定。所以你感觉哪里动，就是没有到达定的境界。你是下意识在想，自己检查不出来，你真能把下意识检查出来就成功了。所以要知道这个变化，下意识真宁静到极点，水火的变化自然而来。道书上讲了那么多，看过了就算了，一懂便休，就把它丢开。真做功夫也不管道，也不管佛，只记住老子一句话："道法自然"。这是生命本有的，不是你修出来的，它本来会来的。所以他说"化化不穷，五行全具其中"，就是我们这个肉体生命，金木水火土五行变化自然，每一步都有了。

生克变化　功夫过程

"盖水能生木，木能生火，火能生土，土能生金，金转生水，左旋一周而相生，便是河图顺数。"五行相生，生生不已的道理叫做左旋，同这个天体一样。天道左旋，地道右旋，两个的转动相反，所以星球与星球之间不会撞上。我们古人已经晓得天道左旋地道右旋，现在科学证明也是如此。所以这个"左旋一周而相生"，在《易经》《河图》《洛书》上是顺数，天一生水、地二生火等等。

但是我们老祖宗早就晓得，天地之间一切是阴阳相对的，有生必有克，有生就有死，永远是矛盾的。你看五行相克很有意思，是隔位相克，隔过一位就跟你对立起来，这个道理是什么？是人生了儿子，儿子又生了儿子，儿子再生儿子，生生不已，就是顺生。这个生里头就有克，我们生了儿子，儿子又生了儿子，那个叫孙子了，孙子一长大，祖父就要死掉，隔位就相克了。天底下就是那么回事，隔位相克啊！"火能克金，金能克木，木能克土，土能克水，水转克火，右旋一周而相克，便是洛书逆数"，这是讲《易经》《河洛理数》了，现在不是讲专题，只是说相克的道理，右旋谓克。文王的八卦是洛书的法则，《洛书》是后天的用，伏羲的八卦是先天的法则。

所以"一顺一逆，一生一克，而五行之千变万化，总不出其范围。"有人说修道做功夫，讲那么多理论干什么？老师！我很笨，我不愿意学理论，我也懒得看书，做功夫就到了。我告诉你，不要说你做一辈子功夫，十辈子也不会到，理不通绝不会到。最后"了道"是理，是智慧啊！以为死做功夫就会到，到了也是个外道。所以这里才把道理讲了这么多，非常非常的重要。譬如你做功夫，懂得生克变化，功夫进步就非常对。有些人打坐，难得碰到好境况，但是下一步就不好啦！今天精神百倍，下一步就没精神想睡了。其实两样都对，一阴一阳之谓道，一生一克是变化，那个不变的道体没有动，你跟着它自然地变化就是了。所谓九转还丹，变化到极点，最后不变，就懂得了。

所以今天坐得好，明天也坐好，后天也想坐好，好的都归你，不好的都归我吗？没这个道理啊！有阴就有阳，有天亮就有天黑，黑暗也是天哦！亮的也是天，天地的黑暗同这个虚空没有关系。黑暗有黑暗的可爱啊！大家都是喜欢白天的可爱，其实黑暗更可爱！我昨天看到古书上说，古人说做鬼不错呀，有人问做鬼有什么不错？去了就回不来的呀！他说，假使错的话，有些人就会跑回来啦！这个话很好笑，可是很有意思。

第五十五讲

我说 参同契

现在继续上次还没有讲完的理论，"故曰，推广五行数，较约而不烦"，这是他解释原文。我们了解了五行，天地宇宙自然的规律，就把还丹的理论同事实搞清楚了。《河图》《洛书》是一件比较麻烦的事，在座许多朋友没有搞得清楚的，我们大概提一下，不深入了，深入起来是专门的课题。河图上面很多白点与黑点，白点代表阳，黑点代表阴。

回到真阳即还丹

"天一生水"，这个天地形成，开始是液体，由液体慢慢转成固体，后来西方哲学观点也如此。古文的天字，并不是代表这个天体，一个天字是许多种代号，这里天一生水代表的是自然物理的。这个宇宙的开始只有水，是第一个现象，不是说它的功能就是水。这功能一发动就变成液体，所以"天一生水，地六成之，地二生火，天七成之"，这个数理同西洋的数理哲学不同，不过有一点相同的是，万物皆生于一。由一生二，二生三，三生万物，这个老子早就提出来了。

万物皆生于一，一以前是个什么？一以前是个零，数理上这个零代表没有，也代表了无穷、无限，代表了不可知的，有太多太多无量无边，无法代表，所以都用零代表。这个零叫它"无"可以，叫它"有"也可以，因为零是不可知之数。那么由零，由这没有的东西第一发动就是一。宇宙只有这个一，没有二。一加一是二，再加一就是三。一的本身已经包含有二，有一就有相对的，相对就是二，有相对有二，已经有三在里面了。这个数理哲学，在上古已经很发达，现在大概介绍一下，只引用"天一生水"，宇宙来源的这个液体。

"水本真阳，落在北方太阴之中，所以水反属阴。"这个水从哪里来？这个"有"从哪里来？这宇宙第一滴水从哪里来？也就是说先有鸡先有蛋？假定说先有蛋，蛋从哪里来？真空中变成妙有，怎么变出来？这个问题研究起来多了，不扯得太远了。这个水，本来不是这个液体，它是个"能"，能不是这个水。所谓真空形成了妙有，它原始能是个圆圈，是个零。拿中国旧的科学与哲学观念，给它一个代号叫做阳。水属阴的，是有形的，后天形而下属于阴，在先天就是形而上的，它本来无中生有，所以是"水本真阳"。一落到北方，北方代表阴，南方代表阳。"落在北方太阴之中"最阴的地方，这个水就起一个转折了，由真空变成妙有，因此有形的水，阴阳家认为属于阴。有形的水未形成以前是没有的，水干了以后又回到本来，就是还丹，还回真阳。

这个虽然是理论，不要认为理论不相干，修道家讲还丹，理就是事，理通了就会形成事，理跟事本来不分。我们有一个原则要把握，也就是我常常说的，天地间有许多事情找不出道理来，这种事情很多。有时有些道理在理论上是成立的，事实上却行不通。你说理论跟事实应该是两回事，不是的，是一回事。比方牛顿发现了地心引力，苹果不是为了牛顿而掉下来，早就掉下来了，不过因为他的灵感才发现地心引力的。同样道理，看烧开水就发明了蒸汽机，烧开水的蒸汽不是为了他要发明蒸汽机才有的。所以有其事不懂其理，是我们的学问不够，没有到。有其理而没有这件事，是我们的经验不够，姑且保留，不要随便下断语。这就是科学精神，尽量保持一点存疑态度，再来求证。现在他是用我们旧的科学与哲学理论说的，先把这个知识保留。

《河图》《洛书》刚才提到，天一生水，地六成之，地二生火，天七成之。"成"就是接受，这是《河图》《洛书》的数理科学。"地二生火，火本真阴"，二就是阴，相对的，相对属于阴，绝对属于阳。地是属于阴的，它本身会发起一种热能。地怎么发起热能？我们现在了解地的热能是吸收太阳能来的，是经过两重手续，"地二生火"，这种热能在《易经》数理上是真阴不属阳，因为这个火是后天的火。"升在南方太阳之位，所以火反属阳。"形成物质以前是能，当它变成物质以后，这个能变换了现象，反而属阳，代号叫真阳。

天一生水与人体

那么他讲了半天，跟我们修道有什么相干？问题就在这里，所谓还丹是将我们后天这个肉体生命，修到"天一生水"。先要向诸位声明，我并不认为今天的科学完全对，还不敢说。因为科学随时在进步，它今天的定律，会被明天新的发现推翻，所以科学下不了定论。因此我只是借用现在的科学知识来说，生命的青春活力最重要的是脑下垂体，它刺激荷尔蒙的源源产生，一旦萎缩，人就衰老了。所以道家修炼玉液还丹，真修得好时，嘴里永远是清凉的口水。这个玉液还丹，其实就是脑下垂体荷尔蒙的分泌，一直下来到全身，刺激到下部去。所谓肾上腺，性腺，就是"天一生水"来了。所以人老了，如果天一生水不生长，这一点水用完就完了。

譬如《黄帝内经》上说，"女子二七天癸至"，"壬癸"都是水，壬水是水的原素，还没有形成水，所以叫能；癸水就是形成了物质的水。所以虽同为水，但不同。天一之水就是讲脑下垂体的荷尔蒙，是后天的，由它下降就变成男女的精液，这就是癸水了。所以天一生水，在上面的还属于阳水，真阳之水到了下面变成实质的，"落在北方太阴之中"，在人体来说北方就是胃下面一直到肚子。"北方太阴"这个代号，在我们这个后天形体来讲，引用瑜伽、密宗说法就是海底。在古代来讲就是会阴穴,是太阴所在。等于下雨一样,因地气上升,碰到冷空气成雨。天一生水是雨下来了,雨下到地面又归到大海里去,所以水这样就变成阴了。

地二生火,现在讲有形的后天生命的真阳之气。阳气靠哪里来呢?下部来的,由阴极而发生这个阳,一个变化一个转折,这个热能跟地球一样,热到极点,阳气慢慢就上升了。夏天的井水是凉的,地心里凉,地下的阳能向外散发,所以夏天大家的胃口都不太好,饭也吃不下,夏天不敢吃火锅吧!因为消化力没那么强;到了冬天你们摸那个井水,是温的,外面是冰的,我们身体也是一样。所以冬天的胃就火力强,外面觉得冷,影响气候的是温度,物理世界这个气候的温度,即使是同一个都市,东西南北也有差别。还有个最重要的,是本身感受的温度,每个人不同,跟人的年龄、健康都有关系。譬如有人说,今天天气那么热,老师你为何还要多穿一件背心?我说我觉得凉,你们不要管。等到下午,他们觉得凉,已经感冒了,这是你们反应慢,我早就感觉到了,所以衣服先披上了。

因此我们自己的火力向上升,冬天可以吃冰,夏天我是不主张吃冰的,我宁可喝烫的。另外,饭后吃水果我是绝对不赞成,我们刚把热的东西吃下去,跟着又把凉的东西吃下去,就把它盖住了,久而久之不生病才怪。每个人的舌头吐出来都是白白的,上面都有寒气。这个水果和冰是可以吃的,但最好在平时吃,为什么一定要在饭后吃水果?这都是习惯,以为这是科学,不通!我们的身体地二生火,下面火上来,如果拿道家的义理来讲,有真火有虚火,虚火就是发炎了。虚火是什么呢?等于点蜡烛有亮光,冒的烟就是虚火。你以为有热,其实那个并不热而是寒的,所谓有阴中之阳、阳中之阴的区别。

气血要调和

所以"地二生火，火本真阴，生在南方太阳之位，所以火反属阳。"有些人动不动就要睡觉，昏昏沉沉的，这是给阴困住了，道家讲阴困。什么叫阴困？湿气太重，消化不良，或者精神不够，或者是血压太低或太高，很多原因，麻烦得很，要观察清楚，这属于虚火。所以火要是上升，代号则是阳，下面就告诉我们理由，这些理由，如你懂医理就懂了。

"阴盛便来侵阳，水盛便能灭火"，阴太过了阳被阴侵，水太多了火就灭了。阴极就阳生，阳极阴生，过分了以后，它反而慢慢衰弱下来，这中间一反一复循环之理，要把它搞清楚。"盖先天无形之水火，主相济为用，后天有形之水火，便主相激为仇。"注意啊！这两句话很重要，五行有相生相克之理。物理世界由虚空形成地球万有，这条路线顺着来是相生。后天就是我们有了这个生命，有了这个肉体以后，有形的水火"相激为仇"，产生了矛盾。所以他说魏伯阳真人原文上讲："故曰，举水以激火，奄然灭光明"，水太多，激动火光，火力就不够了，光亮反而消灭。

"天上之日月，即是世间之水火"，这是《易经》的道理，坎离两卦代表太阳和月亮。在我们后天身体上，水与火代表很多；生理功能上来讲，坎离两卦有时候代表一个气、一个血，在中医代名词叫做"营卫"。人死了血为什么不流了？因为"卫"力没有了，推动的力量没有了，心脏也停止了，所以营跟卫、气和血两个是并行。前天有位同学拉我看一段影片，讲一位香港去世的功夫明星的一生。我说这样练功夫非死不可，这不是中国功夫，中国功夫不是这样练的。他不懂用气，所以营卫不调，那必然要暴死。我们后天的生命，血液够不够还是次要，气够不够最重要，气一不够就不行了。练武功像他这样练，简直把气给练断了，这是不对的。以我来讲这部影片就不该播放，因为孩子们不懂，会学他练，那不是学早死吗？中国功夫哪里是这样硬搞的？外家拳、少林拳也不是这样硬来的。练拳两句话原则，"内练一口气，外练筋骨皮"，都要一起来。

修道与日月法则符合

"日属太阳火精"，所以太阳永远"其光无盈无亏"。这一段要注意，同修道做功夫有关系的。"月属太阴水精"，属于水的精华、精神，"借太阳以为光"。所以你不能说我们过去的科学落伍，古人早就知道月亮不发光，它吸收太阳的光才发出光亮反照过来。所以以阴历为标准，"晦朔之交，日与月并会于黄道，谓之合朔"，晦是阴历的月底，二十九或三十，月亮光明没有了。朔是每个月阴历的初一初二初三。"晦朔之交"，为什么每个月阴历的月底月初，月亮没有光呢？这是太阳与月亮"并会于黄道"。黄道、赤道，这些都是天文专有名词，我们不介绍了，若介绍又是一大堆。他说在中国古代天文科学的观念，这个时候太阳和月亮合在一个轨道上，所以看不到月亮光明，中国古代的名称叫做"合朔"。朔的方位代表北方，古文诗词"朔风凛烈"，多半形容冬天北方的风或西北风，都冷得很。春天则不同，春风一般形容叫东风，从东方来，暖和的。夏天的清风南来，秋天是金风，西风多，秋高气爽都是西风。所以这个朔也就是代表北方方位。

但是，"然但同经而不同纬"，"经"同"纬"不同。"故虽合朔而日不食"，太阳没有被月亮遮住。假使"若同经而又同纬"，经纬度都相同时，"月不避日阳光"，月亮没有逃过太阳光，"便为阴魄所掩"，月亮反而把太阳的光明遮住了。"所以太阳薄蚀"，就是日蚀，

17

太阳缺了一点，其实只是月在那个轨道上把太阳遮住了一点。"长在朔日"，太阳日蚀常常在阴历的月底，因此这个理论用之于丹道。

"故曰，日月相薄蚀，常在晦朔间"，日月蚀永远都在阴历的月底。你看我们讲了老半天，道家多啰嗦，都是天文地理太阳月亮。许多人说，你就告诉我一点口诀，我依着做功夫去修就会成仙了。都是贪便宜！你这个理论不懂，告诉你口诀做功夫永远都不会成功，必须要懂它的理。所以古人不厌其烦地告诉我们。

下面慢慢讲到做功夫境界，"人身与造化，若合符节"，我们这个身体生命的变化，同天体太阳月亮地球的形成一模一样，是同一个法则，只是自己观察不清楚。所以道家说人身是个小天地，换句话说，这个宇宙天地只不过是个大的人身。道家的观念认为这个宇宙是一个生命的全体，因此中国古代不大主张开发地球，矿藏都不大开。我们挖石油、煤矿等于在身体上每个骨节抽骨髓、抽血出来用，慢慢抽久了，这个地球就毁坏了。

美国一个学者问，这个人口问题怎么节制？我说那是你们的理论，人口越来越多，限制不了，这是中国道家的道理。我说你看那个水果，无论是橘子或梨子摆在那里，一条虫也没有，所以说"物必自腐而后虫生"，水果里面开始烂了，外面那些虫越来越多。我们人类就是地球外面的虫，现在人类自己毁灭它，挖矿藏又采挖石油，都快要挖空了，地球内部像水果一样开始烂了，所以人口越来越多。将来这个地球上都是密密麻麻的人，然后就毁坏了。

这是我们老祖宗道家的科学道理，所以人是限制不住的，结扎节育也没有用，这是自然变化，不是笑话。我亲身感觉到，在今天物质文明发达的科学世界修道，不但要懂这个道理，还要另外加一套方法去修，不然就很难修了。过去成仙很容易，现在成癫很容易，癫者疯也。

人体水火日月的变化

"世人但知坎水为月，不知离中一点真水，正是月精"，我们知道坎卦代表水，也代表月亮。离卦代表太阳，卦象是"离中虚"，是指太阳中间之黑点，其中有至阴之精，就是"离中一点真水，正是月精"，变成了月亮的精华。月亮的现象同现在太空科学不一样，不要摆在一起。讲到现在太空科学，人类已经到达了月球，但是月球上究竟怎么样，还在探测，还没有定。像前两年有位美国同学在这里，他爸爸在太空总署工作，我叫他问他爸爸，敢确定月亮上就是这样吗？他说不必问爸爸，我都可以答复你，不敢确定。我说对啊！怎么晓得月球上没有生物？我们现在人降落在上面，等于别的星球人降落在喜马拉雅山顶上，也看不到我们人类。所以月球的生命如何，我们人类还不知道，真正的科学家不敢多说，因为无法证明。

"但知离火为日"，离火为太阳，"不知坎中一点真火"，坎卦里中心这个真阳之气，反映过去"正是日光"，就是太阳的光明。所以他说每"晦朔之交"，阴历月底到初三以前，"日月合璧"。关于日月合璧还有个问题，好像已经向诸位报告过。一般人修道，像伍柳派讲打通任督二脉转河车，真正气脉打通以后，要知道"日月合璧，璇玑停轮"。"璇玑"是转动的，"停轮"是不转了，绝对的宁静，就是定。即使你打通了气脉，通了以后恢复到本来那个宁静，不动了，所谓如如不动，那才可以说气脉打通了。如果还在转来转去，这叫做晕头转向，不能得大定。那么"日月合璧"呢？就是太阳和月亮在一起，连起来。"晦朔之交，日月合璧"，日月走上一条线了。

"水火互藏"，水火都隐没了，互相藏进去了。"一点太阳真火，沉在北海极底"，我们讲了半天理论，现在我们转回来讲，打坐修道没有达到日月合璧，虽然坐在那里，功夫并不好，不过不讲话，好像在入定，实际上都听得见，看得见，你并没有沉没下去。功夫到"日月合璧，水火互藏"，所谓收视反听，开眼闭眼，见而不见，沉下了；外界声音也听不见，闭气关起来了。"水火互藏"，心里任何思想念头都没有了。不过有一样，像是一个洞，所谓灵光一点，是知道，又等于不知道，这是心火降下了，身上气血（水）也凝定了，这是真正的入定，就是还丹的初步。

太阳真火沉海底

"一点太阳真火"，这个生命的真正功能"沉在北海极底"，北海可以说有形，可以说无形，形容他沉到极点，沉到九渊之下，沉到最深最深，深不见底的凝定下去，这样叫得定。功夫到了这个境界，不管你走哪一条路线，这个是一定的。学佛也好，修道也好，修密宗也好，不到这一步，可以说你所有做的功夫，"万种千般逐水流"，都像流水一样过去了，没有用。也许对健康有一点帮助，心境上有一些寄托而已。真要修道，第一步必须要达到沉下来这一定，定到"日月合璧，璇玑停轮"这个程度，就差不多了。

"邵子所谓，日入地中，媾精之象也。"邵子是宋代的大儒，《易经》的大家邵康节。这个时候阴阳交媾，凝定极点，才互相来交。所谓交，像电器接上了电一样，阴阳两个接上了，合体了，这是"媾精之象也"，另外产生一个新的生命。这个境界同天体一样，邵康节所讲的"日入地中"就是在午夜十二点正子时，太阳正在地球的那一边，那里正是中午，以每一个地区为标准。假使在美国修道，昼夜以美国的地区为标准，在南半球修则以南半球为标准。我们过去讲"天上众星皆拱北，世间无水不朝东"，那是指我们中原地带。到了中东，世间无水不朝西，到四川、云南、贵州那一带看看，世间无水不朝南，都以地区为标准。**"在丹道"**，修神仙之道叫丹道，丹道修成功了就叫做神仙了，所以在丹道来讲这就是**"为坎离会合"**，阴阳会合，真修道做到这样就叫入定。入定就是阴阳会合在一起了，庄子叫做"浑沌"，人到了这个时候恢复了生命本来，叫做还丹。

"一阳初动之时"，另外一个新的生命要开始了，也就是另外一点阳气阳能快要发动了。其实我们每一天都有**"一阳初动之时"**，什么时间呢？就是你真睡熟了，那是阴阳交，阴阳媾，睡足了将醒未醒之间，就是**"一阳初动"**。邵康节讲，这个就是后来道家所谓正子时要来了。正子时也叫活子时，每人的活子时不一定；譬如我三天没有睡觉，刚好早上睡觉，到了下午三点睡醒了，将醒未醒之间，这是你本身的活子时。我们现在快要到子时，在外国或其他的国土正在中午，正好活午时来了，每个地区不同，每个人不同。

学《易经》要懂得万物各有一太极，你们看风水阴阳的要懂"移形换步"，换步就移形了，每走一步，这个现象就会不同。大家看现在这个现象，乾卦在这里，坤卦在那里，我这样偏一下，乾卦就偏了，现象就变了。这就是移形换步，样子就变了，那个阴阳太极就要另外算才对，所以要懂得活用。邵康节的诗，最重要的是要告诉我们，"一阳初动处，万物未生时"，佛学来讲就是一念不生那个时候。一念不生还生不生呢？还要生的，如果永远一念不生，不过是小乘罗汉境界，叫做有余依涅槃，还没有对，还没有成佛，还要回转来修大乘才行。

温养潜龙

一阳初动之时，理论到这里都讲了，"此时当温养潜龙，勿可轻用"，这句话是根据《易经》的乾卦来的。第一爻的爻辞，"潜龙勿用"。我讲《易经》的时候，叫同学们要注意不要搞错，"勿用"不是不用哦！这个"勿"字是活的，没有说不可以用，也没有说不能用；勿用是可以用，最好不要用，叫做勿用。所以潜龙勿用不是绝对否定的。诸葛亮在卧龙岗，那是"潜龙勿用"，他躲在那里，你说他要用吗？没有用，不用吗？也在用。当一个人大学毕业或拿到了博士学位，要不要出来做事，还不知道，要不要出来竞选也不知道，那个价值还是无比呢！就是"潜龙勿用"。如果竞选议员选上了，已经到了第二爻了，这个价值已经定了。女士嫁了人，她是某太太，未嫁以前的她，价值无比，算不定会嫁给皇帝，所以那是"潜龙勿用"，还不能定。

拿修道来讲，《易经》的道理，功夫做到阴阳凝结，得了大定，这一步新的生命在将开动未开动之间，要把握住。这要真智慧，要懂得理论，才晓得如何做功夫。"此时当温养潜龙"，要培养它，要好好保护，"勿可轻用"，最好不要用，阳气动，念头不要跟着动。人有时念动气就动，气动了念会动，阳气来你非要动不可。等于一个人，身体的阳能发动那是好事，普通形容为"大有春意"。这个人青春年少，阳气经常发动，不配合男女的欲念，好像生命永远在增加；配合了欲念一用，阳就完了。

所以这个时候"勿可轻用，直到阳光透出地上，方才大明中天"。就这两句话，他把功夫口诀也告诉你了。这个时候知道这个阳能发动，阴极阳生，定极了一念不生的时候，再转过来所谓光明境相也来了。你知道了这个光明，念头也动了，这个时候气脉真正通了，百脉皆通。你十万八千毛孔一时都通了，从海底一直到头顶都打通了，乾坤大交的境界快要来了。"透出地上，方才大明中天"，阴极阳生，阳光来了，阳境界来了，所以打坐修道，那个道快要找你了，你又吓死了，赶快吃镇定剂，看病去了。哎哟！我好像一点力气都没有呀！哎哟！我好像念头都起不来了！起不来不是更好吗？你求到无念，真到念不来也怕，真正定下去又怕死，活起来又觉得烦恼，那又何必求道呢？世界上这样的人很多，都是理不通，所以不能修道。

现在道书上告诉你这种境界，还是讲原理，一步一步经过，有时候自己都觉得吓死人。我旁边有些同学比较用功，对我说，老师，地震！我说没有，你赶快去打坐，他就懂了。他自己身上的气脉在震动，一震动没有真正凝定下去，所以坐在椅子上都觉得是地震。有时候吓死人的，尤其是年纪大的人，加上报纸上的医药常识多，哎哟！我血压高！哎哟！我心脏不对了！那你赶快进医院吃药嘛，何必修道！我告诉过你道家有句话，"若要人不死，除非死个人"。你想修得长生不死之道，要有不怕死的精神去做功夫，死了就算，反正迟早都要死。想修到长生不死，但又处处怕死，那何必修道呢！这是真话。

过程中的吓人境相

所以这个境界，虽然道书上讲得那么轻松，中间经过使人害怕的事情很多，理论搞通了，就不害怕。所以说："若真阳不能作主，陷在阴中，无由出炉，即是北方寒水过盛，浸灭太阳之象。"有时候会碰到这个状况，定久了，觉得一阳回转了，但出不了定。大概四五十年前，有人告诉我浙江绍兴有个道士，他坐在那里有两百多年，还在那里打坐。看见他每年指甲胡子还长，还要帮他剪指甲，他一身很温暖，背脊骨那个地方咚咚在跳，摸到都发烫。那是什么道理呢？他困在这里，出不了窍，他什么时候出窍就不知道了，要看他有没有道缘。如果有道缘，又有天仙指点，可以冲关。不然这一关，所谓后三关（尾闾、夹脊、玉枕）的夹脊关，他永远冲不破，冲不破，那他要坐在那里多久就不知道了。

后来我看到另一个修道人，他的脊椎是弯的。我问他怎么不能直上去？他说夹脊关通不过，这是我亲身的经历。另外大概四十年前，我在四川自流井，看到一个修道的人，他已经快八十岁了，可是样子不老，看上去像个五十多岁的人，就是道家功夫很好。他有个怪毛病，坐在那里直摇头。我过去问他，老师父，你这个叫什么功夫呀？我不像现在年轻人挖苦人，我们那个时候很礼貌，我心里想你这个叫鸭子功吗？那个鸭子走路就是这样，不好意思讲出来。他说不是功夫。如果他活到现在，我一定马上使他走通！那个时候我没办法，我觉得很奇怪，心里也害怕，我将来修道不要修成这样。所以前一阵子上课看到一位同学，就是这样，我叫他赶快吃药，这很容易通的。这个道理是什么呢？就是"**真阳不能作主，陷在阴中，无由出炉**"，冲不上来，这是一种。

禅宗的祖师讲不讲功夫呢？绝对讲功夫，修道要知道如何跳出三界外，不在五行中。这个肉体上就有三界，不修禅或功夫不到你就看不懂，这就是被这个身体的感受限制住了，你永远跳不出三界外，永远在五行中，这"**真阳不能作主，陷在阴中，无由出炉**"就是这个丹成了，要冲冲不出来。这个道理就是"**北方寒水过盛，浸灭太阳之象**"，拿身体来讲，就是气脉没有通，这种也是病，寒湿太重，可以自我治疗，也可用药物治疗。所以修丹道的人，没有不通医的。菩萨要通五明，包括了医学，就是这个道理。药就是外丹，一帮助很快就过关了。

人为什么老

"真火既为寒水所浸，日光便受重阴掩即，正当中天阳盛之时，奄奄衰弱，昏然而无光矣。故曰水盛坎侵阳，火衰离昼昏。"所以在这种境界是个岔路，阳气透不出来，这一透出来百脉皆通了。就像年纪大的人，路走不动，衰老了，功夫到了这个境界，一旦气脉真通了，身轻如叶，行路疾如奔马，不要练轻功的，自然走路很快。我经常说，人的衰老死亡，先是腿，两条腿拖不动，已经死了一半。修道的人，如果后来还是如此，那就是一点功夫都没有，还要想悟道，那不是自欺欺人吗？所以啊，赶快修道，不然赶快吃药，死亡是从下面一节一节死上来的，也就是这个法则的道理。

道家有句话，"精从足底生"；相反的，一个人衰老了怕冷，也是从足底开始冷。所以老年不管男女，足底心发烫不怕冷，走路举步如飞的，那就是长寿之相。六七十岁的老朋友来问我说，老师啊，我有便秘的毛病，我说恭喜！你七十岁了还便秘，因为人老时气漏了，专门放屁的。年纪大了便秘，固然痛苦，但是那个元气还在，还充实。如果老了以后光放屁，已经不对了，这个道理要注意。你看到这些虽然都是很琐碎的事情，但同生命都有密切关系，尤其是修道的人要注意。所以这一段，是讲到重要的地方，修道打坐的人，万一碰到这种状况，就要赶快培养阳气。这阳气如何培养，道书上都有，你去研究研究。

抗衰抗老的秘诀

现在讲到"坎居北方，幽阙之中，正子位上，月当朔之象也"。这个分两方面，一个是抽象的，一个是实际的。抽象是根据《易经》天文现象来说，北方用坎卦代表，南方是离卦代表。我们这个人体，头顶是南方，北方是下面会阴穴这一部分；另一个北方是肾，肾水属于北方，南方离卦属心火。人思想能够分别，能够聪明知见，这个属于离，属于南。生理的变化，血液的流行，精气的发动，这些现象就是北方坎卦代表，是属于水的部分。

"坎居北方"，以卦象来讲，坎卦位置在北方，"幽阙之中"，古代称肛门叫幽门。"幽阙"当然不是讲直肠排泄这一部分，实际就是讲会阴穴，海底，这部分都属于"幽阙"。阙就是代表宫阙、宫殿的意思，北方就在这里，属于水。人体用天体来配比，所谓坎卦正北方，拿地支排列一个圆圈，"子丑寅卯辰巳午未申酉戌亥"，北方就是夜里亥、子之交，亥时以后到子时。所以子时也是一天当中一阳来复，阴极了阳生，这里提到北方幽阙的部位，是正子时的位置。

我们身体的变化也是这样，生命有没有活力？是不是有青春的气息？生理上有没有欲念？有没有阳气发动的现象？假使都没有就完全衰老了。衰老了就是命将绝矣，在《易经》属于游魂之卦，就是魂游墟墓之间。那么要如何返老还童？如何培养自己？老年的人或者年轻身体衰弱的人，抗衰抗老只有一个秘诀，就是"静"，养静。什么思想也没有，但不是昏睡，心境很清明，头脑很清楚，等于动物的冬眠。养多少时间不一定，看年龄关系，至少一个周期七天。七天下来，等到青春的气息恢复了，阳气发动啦！千万不要动欲念啊！有了男女关系的欲念一配合就完了！所以道家讲性命双修，就等于佛家的心性念头。这个作用要分辨清楚，没有一点杂念，没有一点恶念，也没有一点邪念，没有一点不正之念，这个时候等到一阳来复，正子时位置到了，阳气就恢复了。

只要你这样一次能够把握得住，还不要说每次，一次能够把握得住，祛病延年之药就在你手上，就有把握。不过也很难啊，虽然你把握了，但这个阳气潜伏变化，的确有冲关之象，一关一关很难转啊！冲上来的时候第一个就是腰部，腰酸背痛就来了。尤其老年，各种病象都来了，不是你功夫做出了毛病，是你本来那个机器就是坏的，当阳能要上冲时，一定要先把你修补，所以病象就来啦。一点一点，慢慢阳气培养上来，上升到南方的离卦，就到了头顶。到头顶以后也不算数，这不过是一个作用，真到了头顶的脉轮都打开了，在密宗，头顶叫做大乐轮，头顶脉轮真的打通了，全身都永远在舒服快感中。

大家修行的人，一百个找不到半个成功的，为什么？第一，大家都想修长生不老，更希望又有钱，也有官，寿也长，儿子孝顺女儿好，媳妇更听话，自己还要成佛当神仙，天下的好处会都给你占光吗？不可能。有这样多的愿望，每天打坐十几分钟，心都静不下来，定不下来，气不会回到坎卦幽阙之中，不会聚到正子位上，这个一阳绝不会来复的。大家有的人肚子跳一下，气动一下以为是功夫，那是见鬼！与功夫根本没有关系，而是你经脉穴道有些不通，真的通了的人不会有震动的，不会跳动的。像一个水管一样，很通畅时，它不会弹动了，如果噗噗跳动，这个水管里头一定有问题，有障碍才发生震动现象。所以不要认为那个就是功夫，把这个道理懂了，这一段就看懂了。

"正子位上，月当朔之象也"，拿月亮天体来讲，正是阴历的月尾到下月初三之间，眉毛月刚刚呈现，就是一阳来复的现象，这是讲坎卦。

一反一复必然变化

"离居南方，向明之地，正午位上，日当昼之象也。"有时道书上画一个图，头上画一个卦说是离，下面画一个卦说是坎，你就看不懂啦。你读懂了就晓得那些都是代号。说离卦居南方，人体来讲离为火在上面，离代表太阳光明，所以是"向明之地"。我们睡醒了，首先脑筋清醒，眼睛睁开就代表离卦作用。"正午位上"，拿天体时间来讲，每天午时整十二点是离卦的时候，十二点过后不久阳极阴生，就变成下午了，下午就是阴的现象。一年来讲这个正午就是午月（五月），到了夏至开始阳极阴生，阴又开始了。说离卦在南方这个地区向明之地，何其光明的境界！不管你学佛学道学密宗学显教打坐做功夫，静极则阳生，光明透露的时候，你说再想空下去，什么念头都不起，就做不到了。有些人说自己功夫垮了！因为他不懂这个道理，阳极阴生，阴极阳生，一反一复是必然的现象，静极了就动。这个动不是思想妄念的动，而是阴暗极了则光明的现象。但是这个光明来了，不要跟它走，哎哟！我又看到一片光啦！得了天眼通啦！最后神通没有得到，变成精神分裂。所以，到了下降这个阶段，也要一念不生，知而不取，知道而不执著这些境界现象。拿《易经》理象数来讲，这是现象，你要把握那个理，才晓得下一步是什么，你就都清楚啦。所以这步境界用不着稀奇，也用不着拒绝，它是必定经过的现象。

这个正午的位上，拿天体来比喻是太阳当顶，由阳转阴，是一阴一阳，跟我们精神一样。我们普通人夜里疲倦了就睡觉，我们的精神魂魄向下走了，就是"坎居北方幽阙之中"。精神够了头脑清醒了，就等于太阳出来天亮了，是一反一复的现象，是呆定的。生命本来就是这样，你要快也快不起来，说天亮了，马上要它天黑做不到，它是一步一步到了那个境界的，所以你要急就章达到那个目的，也是不可能的。这个境界一光明一黑暗，一动一静之间，一反一复之间，都是现象，还不是道。

动静均平

那么修道是什么呢？就是坎离两卦的水火，要使它凝结为一。所以他说"水火均平，方得交济为用。一或偏胜，便致薄蚀为灾。日月之相薄蚀，即举水以激火，奄然灭光明之义也"。所以你看道书，这些理论把握不住，你修道的功夫永远是白做。光是身体上有感觉啊，转来转去没有用的，不会成功的。你跑步啊打拳啊，动中求静，体能累了自然什么都不想了。修道这个道理也是一样，所以说一动一静之间，一定会变成偏胜。修道的人，如果道理搞不清楚，一定会走偏，水火不会平均。在光明的境界里，被光明牵走啦，光明境界可以产生精神健旺，就是道家说的，"日出没，比精神之衰旺；月盈亏，比气血之盛衰"。

你们大家打坐有经验，当你比较灰心，精神也疲累时，打起坐来一下子好像入定了；实际上不是入定，是月亮一样虚了要下沉了。所以不要把那个昏沉的境相当成定。坐久了以后，一阳来复，精神旺起来不想坐了，所以做功夫难就难在这里。你们很多人早上上班以前打坐，坐得差不多了，要上班去了！一天到晚忙，心里根本没有宁静。晚上打坐，一坐起来就想睡觉，嗯！坐好了要去睡了。真修行打坐不是这样子！等到你事情做完了跑去打坐，那是休

息，永远不会成功。就是要你睡够了，精神好的时候，看你定不定得下去。但是，精神好的时候打坐，反而坐不住，心里也坐不住，屁股也坐不住，腿也坐不住，坐在那里想，这是干什么！何必坐呢？我还有很多事情要办，就下座了。所以做功夫永远不上路。真的修道上路，就是"持盈保泰"四个字，"盈"就是精神满的时候要把它保持，水装满了不使它漏掉，永远保持这个满。"泰"是太平的时候，充满的时候，心情泰然，永远把它保持。有人说，哎呀现在不行，等我把事情搞完了，一定学佛修道。搞了几十年，棺材已经抬到前面了，还有件事没有了，这哪里是修道！只好进棺材，下辈子再说吧，都是不能切断。

这个道理就是说水火要均平，如何能使水火均平？就是动与静之间"交济为用"，这四个字很难办。人这个生命很难弄，有时我们心想静，但身体不能静，精神很亢奋，不想休息。有时候我们身体疲劳极了，尤其是打麻将，一边打呵欠一边硬舍不得，头已经昏啦，还是要打，因为心不肯休息。这两个都把人拉住了。做事业的人一样，做生意的做官的，老兄该退休啦！我早就想退休，不过还有几个月，还有几件事没做完呢！就像麻将桌上那样死打，是同样的道理。这个是水火不能均平，你要把身心拉平均，难啦！这个要自己体会、自己检查了。

人有时是气旺血不够，有些人你看活得很健康，实际上他已经很衰败了。有人虽然血压低贫血，他生命活力强得很，那是靠他的气。以道家的医学来讲，有些人看似健康，实际上气已经衰败了，气血两样能够拉平均也很难。再进一步呢，心念，这个思想念头，动静之间拉到平均，也是很难。这些在道家都属于火候，没有固定的方法，你看清楚了才可以修道，可以随意地把水火相交，相交以后就产生新的生命。这是说"交济为用"。

不可偏向一边

下面就吩咐我们修道做功夫，偏一点都不行。有时你说这一次坐得很好，这几天心境很宁静，好哇好哇，你太偏向宁静也糟了！马上下一步就出问题。所以"一或偏胜，便致薄蚀为灾"。有时生理盖过了心理，有时心理的精神健旺不能停止，年轻人想修道，心理上那个火气灭不掉，有时生理上作用使他没有办法。"世上无如人欲险，几人到此误平生"，老年人修道觉得自己道德修养都很高了，对什么都不动念了。我常跟老年朋友讲，你不要吹啦，不是你修养高，实在你没得本钱啦！要有本钱而不做才行。有杀人的武器，但这把刀不杀人而救人，那叫修行！你老了，叫你杀人拿起刀都发抖，那能算守戒吗？所以就是两样不均衡。一旦不均衡，不是有月蚀的现象，就是日蚀的现象；不是精神不够，就是身上的气血不够了。所以功夫永远不会做好的。"即举水以激火，奄然灭光明之义也"，水把自性的光明都灭掉了。"当与中篇，晦朔薄蚀，掩冒相倾"，参看《参同契》的中篇这一段，就是专门讲解如何使身心做到均衡的境界。

佛家怎么讲呢？释迦牟尼佛专讲原理心性之学，实际上原理懂了，功夫就在内了。释迦牟尼佛在《金刚经》上讲了两句话："是法平等，无有高下"，但是你就是不能平等，做不到。这个法门平等，要做到均平无有高下，你偏了一边都不对。如果你读《金刚经》，体会全盘都是做功夫的话，你就都看通了，这样叫做融会贯通。当然我这样一讲，如果给法师们或专门研究佛学的人士听到，他们会说："你看南某人，所以叫他外道，佛绝不是讲这个。"究竟是他外道或是我外道啊？反正大家外成一堆啦！没有关系。实际上我告诉你们，是要从经书中找参考，佛家儒家道家很多东西都讲同样一个作用。

水不盛火不衰时如何

"虽然此特言其变耳，若水不过盛，火不过衰，日以施德，月以舒光，水火自然之性情，即阴阳交感之常道，薄蚀灾变，何自而生。"这一段，他讲每一步功夫来了一定起变化的，我们人没有成道以前，不能够均平，不能永远保持住平，所以不能成道。大概在座许多搞打坐的都有经验，因此我经常讲你们做功夫有时瞎猫撞到死老鼠，难得两三年撞一回，撞到觉得得道了，就很有信心。过不了半天垮掉啦，因为不能均平。你说你的功夫真垮掉了吗？好的境界后来好像都没有，其实一点都没有垮，是你不明白道理。

所以佛也告诉你了，可是你们佛经看不懂，现在道家也告诉你道门了。刚才讲过，这等于你们气脉一样，一下从顶上来，一下又沉下去；有时到了顶上睡也睡不着，要它下降做不到，也很痛苦。对不对？有时要想阳气上升，起不来，弯腰驼背也很痛苦。对不对？不能均平嘛！就是你理不通，现在告诉你，刚才讲的这个均平之理，他说"虽然此特言其变耳"，他说我们上面所讲的变，每个境界的变化道理不同，现象也不同，其中有个秘密。他说："若水不过盛，火不过衰"，像我们普通人一样，只要一口气没有断以前，我们身体都是水没有过盛，所以肾水血液口水都没有过多嘛。水过盛就要向下流，对不对？水盛就是水太满了向下流，男女就起欲念。

"水不过盛"，它没有满出来，"火不过衰"，火在上面没有太衰败。譬如老人眼睛花了，火气阳气没有啦，那个电能电池用干了，就是火衰了。可是老了虽衰，仍然剩了一点点，虽然只剩了一点点水火，那个种子还在呀，你自己可以把它点燃，那容易得很！但是难就难在放不下。儿女放不下，钱财放不下，功名放不下，衣服放不下，头发放不下，没有一样肯放下的。谁能真放下？有两个人，一个死掉了，一个还没有生，包括我们在内都不肯放下。要放下就不讲这个书了，你也不要来听啦，都没有放下啊！

因此剩一点点水，剩一点点火，你自己不肯去点，也点不燃，水也涨不起来。假设"水不过盛，火不过衰"，水火是自然的现象，虽然我今天几十岁，只要一口气在，水火还是这个现象。所以只要能"心一境性"，万缘放下，一切都无欲无私，真放下了，就这样定下来，则"日以施德，月以舒光"，气血精神自然都在成长。"水火自然之性情，即阴阳交感之常道"，你看我们修道的人，天天想坎离交媾，阴阳相交，要打通任督二脉，其实没有死以前，都是通的啊，不通就要死了，就病了。人为什么睡觉呢？睡觉虽然不是真正的无念，不是真正的清净，而是差不多接近清净。一清净下来，什么念头都放下了，才能睡觉啊！有一个念头吊住就睡不着了嘛，对不对？这个经验大家一样吧！所以念头放下睡着了，它本身阴阳自己交媾了，这是常道，不要你去做主的。一觉睡醒精神又来啦，你懂了这个道理就好修道了。

第五十七讲

道怎么修

那么修道怎么修呢？一天二十四小时如果永远那个样子睡觉，你做得到的话，一定成功！快的话七天也成道；慢吧，十二年十三年，但是要专修。通常能像睡觉一样，万缘放下，真要睡觉，叫你去吃也不要吃了，那真放下了。所以道家叫"上品丹法"，那是没

35

有方法，但七日可成大罗金仙。等于佛学一样，许多出家的比丘听佛一说法，放下了一修，七天证罗汉果的很多。大阿罗汉果同大罗金仙一样，六通具足，这个并不难。理论上讲起来容易，做不到啊！我们一般修道，都自作聪明，用许多方法反而阻碍了，所以这个要特别注意。这两句话在讲理论，但他都点穿了无上道法的秘诀，"水火自然之性情，即阴阳交感之常道"，它永远同天地日月一样地运转。

"薄蚀灾变，何自而生"，你只要不违反这个原则，顺着自然法则去走，不加人为，不增不减，就没有月蚀也没有日蚀。所谓走火入魔，哪里是火哪里是魔？魔也是你，火也是你造的。所以老子始终告诉你"人法地，地法天，天法道，道法自然"。这个法是效法，你只要效法自然的法则，就不会有错，就不会走火入魔，然后一路直上。所以上品丹法七天而能证大罗金仙，并没有错，不骗你。而上品丹法同禅宗一样，是无为法门，没有方法的。有人说气脉打通，手发烫了发电了，你发电总没有电力公司那个电那么大吧！你手烫，来治治那个癌症的，医院里躺了很多，你能把他烫好了，癌症烫化了，我第一个给你磕头，但是不拜你为师。我恭维你，可是你差不多就要完蛋了！因为道法自然，所以千万不要爱好稀奇古怪。

这一段，他解释原文："故曰，阴阳相饮食，交感道自然。"《参同契》原文十个字，我们生命本身就具备阴阳，阴阳互相为饮食。阳极了靠阴，阴极了靠阳。精神太旺了需要休息，靠阴来调剂；休息太久了需要清醒，清醒起来运动运动调剂。阴阳互相饮食，这就是交感之道，阴阳交感是自然的法则，不是人为的。所以道，也不是你修得出来的，生命本身就是道，合于道的法则。那么我们修道呢？理解这个本身就是道的法则，顺其自然就是看住它怎么变化，让它自然去，千万不要加以做主，只要把它看住就是了。《心经》说"照见五蕴皆空"，就是照住，看见，让它随便跑。等于一岁的小孩子刚学走路，你就看住他，跌一跤没有关系，自己起来，只是照应住，不要加以主导。阴阳相饮食，自然互相感应，自然道交，自然交感。

王阳明，明朝这位大儒，也学过道的，道家佛家功夫都很好，也有神通。后来他这些都不搞，他说这些都是玩弄自己的精神而已。你不要认为王阳明这个话是批佛批道，那是初步的内行话。像一般人所说任督两脉打通，放光动地，有神通啊，这些都不要跟王阳明谈啦，他内行得很，全盘会；不是理论上会，他功夫都做到啦。至于最后形而上道呢，对不起，又是另外一回事了，王阳明当然还是有问题的。

变道、常道与还丹

"日月反其常道，故云薄蚀。阴阳循其自然，故云饮食。盖以造化日月之合，有常有变，喻身中坎离之交，有得有失，不可不慎密也。"现在这一节是最后的结论。古代天文解释日蚀月蚀，就是"日月反其常道"，与平常不一样，因为日月两个走在一个轨道上，或者太阳遮住月亮，或者是月亮遮住太阳，就造成日月薄蚀。假使不故意去遮住它，阴阳顺其自然行走，等于人吃饮食一样，吃下去维持生命，丹药也是根据自然来的。

"盖以造化日月之合，有常有变"，所以修道要懂这个原理，造化代表这个宇宙，宇宙中太阳月亮的起落、升降、分合有常。太阳每天都是从东边上来西边下去，月亮的升落也是固定的，就是所谓的常道。月蚀日蚀则是变道，是不经常的，轨道上有变化啦，用这个做比喻。"坎离之交"，水火的交媾，"有得有失"。像赚钱做生意一样，一点一点累积起来，就成丹，使生命返老还童。搞得不对时，虽年轻也可能丧命。有得有失这个道理，要搞清楚，不可不谨慎，不可不严密地管理控制自己。

再看原文，"名者以定情，字者缘性言。金来归性初，乃得称还丹。"言语文字是一个表达，思想变成言语，言语变成了文字。每样东西有个名称叫名词，古代叫名字。讲到名字，名是名，字是字。我们这个传统文化，每人都有一个本名、小名、家谱谱名，又有号，还有别号，等于现在人的笔名一样，用了几十个都有的。后来这个旧文化推翻了，因为一个人那么多名字搞不清楚了。过去我也有很多字啊、号啊，随便顺手写个什么就是什么。他说："名者以定情，字者缘性言"。情、性两个字需要注意啊！这是我们的

40

传统文化。名以外有个字，字是对这个性来讲。性是体，情是用，情、性是不同的。情等于现在所谓的情绪，像喜怒哀乐啊，冲动的妄想、妄念也是属于情的；性是静态的，不动的，宁静的那个是性。性是先天，是体；情是后天，是用，我们一般的只是用情。所以真正明心见性，是由用归体，返本还源。

"金来归性初"，金是后天性命修法起作用，返回到性。什么是金呢？我们讲过几次啦，生理上肺属金，精神上那个妄想能够思想能够知觉的那个是金。知觉感觉回到本来清净面，气住脉停，功夫做到呼吸停止了，乃至血脉的流行也凝住啦，就是"金来归性初"。这个时候才叫做还丹。

朱云阳真人这个批注更清楚，我舍不得把它跳过去。"此节，言金返归性，乃还丹之了义也。"道家的名称"金返"，是回转来回到性。刚才我们讲过，金木水火土五行的代号，身体上肺部是金，管呼吸，管气的。精神上有知觉的这个属金，这是本性起的作用。身体方面功夫做到气住脉停；精神方面功夫做到一念不生全体现，任何思想妄念都没有了，这个就是"金返归性"。到达这个境界，道家叫做还丹，就是真得到还丹啦，这是还丹的了义。了义这个名称是佛学里的，佛经分了义与不了义。有些佛自己讲的经，那是对程度低的，在某一种特殊情形下而讲的不了义教。了义教是彻底的、直截了当，讲到明心见性。

注意功夫进步的变化

"离中元精，本太阴真水，又称木液。坎中元炁，本太阳真火，又称金精。丹道以水火为体，金木为用。"这完全是讲功夫境界，我们再三提到离是心，心念，眼睛也属于离。坎是身上的气血精

41

液等等，耳朵属于坎。老年为什么聋啊？元气亏损了，因为耳通气海，有形的气海就是在肚脐以下。你们会针灸的，就晓得气海穴。他现在讲离中的元精，我们头脑清醒，耳朵听得见，眼睛能够看，六根能够用，这是六根的光明，这就是"离中"的"元精"。这是精神之精，不是精虫卵脏的精。他说这个"离中元精"的根本是太阴里出来的，"本太阴真水"。如果气血不旺盛，下元不坚固，上面精神就没有啦，所以老了，真水衰了，眼睛、耳朵也不行了，一切都不行了。

中国人，尤其广东朋友喜欢进补的，老年人吃补品，高丽参啊一大堆！常常很多人被补药补死了，毛病都是补出来的啊！说真的，偶然要补一下的话，老年应该是补阴，不是补阳啊！高丽参这些补阳的补不得！有些人身体是虚的，虚不受补，他本来虚了，里头都是虚火，本来都在冒火，补药一下去更发炎，慢慢病倒了不可救药。到了中年以后，真正的补药就是靠自己，也就是道家讲的，"上药三品，神与气精"。精气神怎么培养转来呢？心静、妄想少、欲念少（广义的欲）、宁静到极点时，自然"太阴真水"就培养出来，精神也就来了。

所以"离中元精，本太阴真水，又称木液"，在道书上，元精另外一个名称叫做木液，木属肝，所以太阴真水另外一层意义也叫"木液"，就是肝功能。肝功能干什么的？藏血的，真水有形的就是血，血是什么？"木液"。说到肝及肝功能，东方人得肝炎、肝病的也最多，差不多都是肝血出毛病，就是血液的问题。

木液旺了以后，阴极阳生，阳精就来了。这段"坎中元炁"，坎卦里头"本太阳真火"，是上面的精神照下来的，"又称金精"。精神靠气来的，气充足了就滋阴了。所以要想修道成丹身体健康，就是坎离两卦转过来，也就是"水火为体"，一水一火，一动一静，一空一有。有时要空念头，有时要提起念头，有时要修上窍，有时要下降，运用之妙是火候问题，在于你自己，搞不清楚，永远修不成的。所以修道之难，要靠智慧，不是说师父传个功夫给你，死死地守住那一点就修成功了，那样只会修死，不会修到长生不老！

真正要调整身上的血液是滋阴，老年滋阴是补一些胶质，胶质多就滋阴。譬如说白木耳、龟板胶都是滋阴的，不是补阳的。但这些补药，老实讲我碰都不碰，不敢碰。人修道就要靠自己，还去靠草木、动物，好丢人！对不对？做人就要有志气！偶然借用一下也需要的，借用一下欠点账就欠一点，但是全靠这个是靠不住的，还是要靠自己。你看龟鹿二仙胶一个补阳一个滋阴，可是如果你这个身体内部气血不调整好，吃药也没有用。修道的人气血修对了，那个药只有一点下去就起大作用了。实际上药只借用了这么一点，重要的是我们要了解气血，"**金木为用**"，金是气，肺部的；木是肝，血液的。

"**关尹子曰，金木者，水火之交是也**"，关尹子说就是这个东西。"**金木虽分两物**"，虽然是两样东西，一个气一个血，"**究其根源，只一金性**"，金性是什么？金性在后天讲就是念，一念思想来，万法唯心造。究其根源，"**金性本出先天之乾，未生以前，纯粹以精，万劫不坏**"。这个地方金性是指我们的思想，就是《楞严经》上佛说的"**坚固妄想以为其本**"，坚固妄想同黄金一样颠扑不破。

仙道　外道　魔道

说到这里顺便告诉你们，在《楞严经》上，指出来修行的关键重点，就是走岔路的五十种魔境界。佛把生理跟心理，归纳为色受想行识五阴，五阴各有十种魔，共有五十种，仔细分析还要多。最后佛骂什么人为外道呢？连他的弟子证了罗汉果的声闻缘觉，都属于外道，因为心外求法，没有彻底明心见性。佛在讲五十种阴魔时又提到仙道，不属于魔也不属于外道。所以梁启超他们认为《楞严经》是伪经，因为他一看到仙字，哎呀！这个仙啊、神啊只有中国有，印度没有的啊！他们就是学问不通！民国初年梁启超他们，对这方面知识还是有限，学问不渊博，认为把中国神仙都加进去了，所以这个经是假的。其实印度的仙道之说跟中国一样，存在了很久，婆罗门教、瑜伽都是修炼仙道的。

道家讲神仙有五种：鬼仙、人仙、地仙、天仙、大罗金仙。佛说仙道有十种，他没有说是魔道，也没有说是外道，他说这些修成神仙的，寿千万岁而不死。虽然长生不死，但因为没有明心见性，所以堕落为神仙没有成佛。假定这些修成神仙的人，又大彻大悟了，佛他老人家一定说那当然是佛！经文讲了一半，你要看清楚。

佛分析的有一条就是我们讲的，由修炼精神，坚固妄想而成功，特别讲坚固妄想。所以修密宗的人观想修成功了，也是坚固妄想成佛，观想成佛。你把它融会贯通以后，哇！这个学问蛮好玩的，我们跳开了佛道的这个圈子，站在学术的立场上讲，都是研究生命奥秘的一种学术。丢开宗教外衣及仙佛观念，生命就有无比的奥秘，有无穷的奥妙，可惜人类自己不知道。假设人类知道了，的确可以祛病延年，长生不老，每人自己对成佛都有把握。不过我还没有做到，在理论上我可以提这个保证。

道家的功夫

现在回转来讲金性，这个地方金性不是代表肺部的呼吸，而是代表"念头"，就是这个思想，坚固妄想。我们这个念头思想哪里来？"本出先天之乾"，道家主张是从本体乾卦而来。"未生以前，纯粹以精"，父母没有生我们以前，我们没有投胎以前，这一念还没有动。这是禅宗了，一念"未生以前，纯粹以精"，道家讲这个精，不是精虫卵子的精；这个精也就是《楞严经》上讲，"心精圆明，含裹十方"，妄念不生的时候，一念清净。禅宗祖师讲"历历孤明，光吞万象"，就是这个清净，这个就是"精"，也就是说炼精化气这个作用。后世的道家反而在精虫卵子上动脑筋，其实在身体里不是这样化的。

再说什么是精，"未生以前，纯粹以精"，这个东西作为精神"万劫不坏"，是不生不死。你看道家的老祖宗，老子讲："恍兮惚兮，其中有物，窈兮冥兮，其中有精，其精甚真，其中有信。"老子形容恍兮惚兮，不是我们现在所讲的昏头昏脑；恍是心字旁边发光，惚是心字里头流动，活泼得很。老子的恍兮惚兮是很光明、很活跃！这个境界里头是"真精"。

"其精甚真，其中有信"，信是什么呀？就是有消息。"有信"是有一个象征，做一步功夫，有一步的现象出来。你懂了这个，也就懂了老子，懂了清净道，也懂了佛。这个是万劫不坏的。我们这个精神，这个念头，"只因有生以后，混沌一破，走入坤宫，是为坎中金精。乾家之性，转而称情。"婴儿一生下来，还在混沌境界，到了婴儿头"顶"一封住不跳，就会讲话了，先、后天分开了。混沌是先天后天在一体，一旦分开，就是混沌破，这是第一层混沌。

后世道家认为，男女到了性知识开了就叫做破了混沌，这个是后世的解说，也通。不过这种说法是有形的道家，属于低一级道家的说法。正统的大道，混沌不是讲这个。当我们一出娘胎的时候，勉强可以说混沌还在，但已经清醒了一半，等到混沌破了，这个先天之性走入坤宫，就向下沉了。所以孩子们玩两个腿，生命从下面

生长，尤其男孩子睡够了，精神够，就是老子讲的"朘作"，小孩子自然阳举了。这时小孩没有欲念，是生命的本能。女孩子的现象在内，不是朘作，是有一种不安，那个现象就是她真阳发动，可都没有欲念，此谓"坎中金精"。所以，后天坎卦金的精神变出来性荷尔蒙，精虫卵脏是第三重的投影了。

那么"乾家之性"，原始以来这个先天一炁乾卦，本来光明清净的人性，刚才讲"历历孤明，光吞万象"那个乾家之性，"转而称情"，已经把性转变成情了，本身里头起变化。所以我们后天，都是用的妄情，佛家叫妄想，道家或者中国的儒家称为妄情，虚妄不实。我们自己被自己骗了，被后天的感情作用骗了。譬如说夫妻吵架，都是妄情，这个情是古怪的东西，害死人的东西，有情就有累。但是欲界的生命，一个情字维持住那么多人，尤其中国现在已经有十二三亿人口了，那就是一个情字变出来的。好的是它，坏的也是它。了情返而为性，如果这十二三亿就变成了百千万亿化身佛，那就不得了啦！

"乾之一阳，既变为坎，其中，换入坤之一阴，是为离中木液"，先天本性到了后天，生命向下走了变成坎卦，这个东西是坤卦先天本性。我们刚才讲过，婴儿这个头顶与宇宙是相通的，等于庄子讲与天地精神相往来，到了这个头顶一封住时，咚！到下面了，换入坤中一阴，是离中的木液。这个精神转到肝脏，生血生气，到了后天的生命。

"坤家之情"，坤属阴，后天五阴盖住了，这个妄想的思想作用"转而称性"。我们普通学术研究人性，都是讲的后天的作用，讲先天本性的学问太高了。以我的经验，形而上讲本性，儒家也好，道家也好，西方的宗教也好，哲学也好，都没有办法跳过如来的手心，应该是佛学第一。但是讲做功夫，由凡夫一步一步超凡入圣的功夫细节，释迦牟尼佛要让一让了，以我的看法是道家第一。尤其生理的、物理的细密功夫，正统道家都切实告诉你了，你跳不出这个范围。这是佛家所没有的，不管你密宗怎么讲法，还是不及道家。如果要站在学术公正的立场，讲人伦之道，治国齐家平天下，这两家都比不过儒家及诸子百家。

所以我们这个文化有三位老师，我常常告诉你们青年人三句话，"敦儒家的品性，参佛家的理性，修道家的功夫"。形而上的理没有办法超过如来的手心；"修道家的功夫"，不是转河车这一套！正统道家的老庄之道、神仙丹道和《易经》，是道法自然之道。儒释道这三家都是我们的老师，了不起的！如果到外国去，我们还要请耶稣老师帮忙，到中东去就要找穆罕默德，这样一来我就变成五贯道啦！红卍字会五教一家。这是顺便讲起，告诉你们年轻人，我们研究人性就要知道，人性都是后天的，因为"坤家之情，转而称性"。

第五十九讲

我说 参同契

人好静　情好动

　　现在这一章还在讲还丹，就是我们一般所讲的"九转还丹"。丹是道家的代名词，就是长生不老之药。严重地讲，所谓"丹"就是修命，这个"命"就是指现在这个生命之命。所谓修命还丹以后，还没有完，还要再加紧修的。

　　再看注解的文字，"**盖木主宁静，字之曰性，所谓人生而静，天之性也。**"这个金木，道家有些书上称为金公某某，金是以男性为代表，木是以女性为代表。金在身体内是肺是气，木是肝主血，这是有形的气血两种，气血是第三重的投影。这里讲的与我们活着的气血有没有关系？也有关系，因为气血是精神所生的东西。木代表万物发生，生命力很强。木的性主宁静，本来是安静的，道家给它的名字叫做性，但是这个不是佛学讲的明心见性的性。

　　如果我们加以严格的规范，佛家所讲的性也分好几个层次，见性是彻底的。这里所讲的性是中国文化《礼记》所提出来的"性情"那个性，属于后天的。道书尽管说是先天，如果我们拿学术哲学分类，它仍是属于后天。这些学术性的分类我想不必多讨论，大家并不需要，只是要知道这个木是代表宁静的。

　　"**人生而静**"，静态就叫做天性。其实不止人的生命，由观察得知，虽不是自然科学，但是万物都在静态中发生。虽然生命本身是动的，但是外形都是静的。一粒种子在地下，要很宁静的状态才可发芽，土壤在动乱中什么都不能生长。实际上以哲学科学的道理，生命本身成长就是个动态，可是我们观察外表的现象，讲它是静的，这在学术分野上我们要清楚。这里讲人的生命，天生而静，好静是"**天之性也**"。所以我们人很懒，好吃懒做，乃至一切不努力，最好张开嘴巴饭就从天上掉下来，心里一想口袋里就装满钞票了。因为人性本来好静、懒。

"金主流动"，金性是代表主体，爱流动跑动，"名之曰情"，这是中国文化的"性情"两字。"所谓感于物而动，性之欲也"，这个情哪里来呢？情的体就是性。以道家分类，情是用，说是外感交感的作用，使这个情动了，动情了。所以这个情就是人类本性的欲望，是它的作用。狭义的性欲，只指男女关系的欲望，这里说的性跟欲是广义的，对一切欲望的要求就是性的欲望。中国文化把生命分为性与情，我们讲到儒家的中庸思想，宋明理学家就拿喜怒哀乐这四种现象来讲心的作用，我是特别地反对。宋明理学家搞错了，喜怒哀乐是情绪，不是心的思想。发动喜怒哀乐后面的那个作用是心是思想，如果把喜怒哀乐笼统归到心，这是宋明理学对自己的文化没有搞清楚！理学影响中国文化八百多年，使民族的文化变成一个死的文化。宋明理学家，我敬佩他们的人格，可是他们的学理该打耳光，你们去注意研究宋明理学就知道了。

而且还有一个问题，喜怒哀乐不一定是心理发动，有时候是受生理影响来的。一个人有时情绪不好，是生理上病的原因。譬如肝气不舒，胃不好，痛苦难受，你叫我不发脾气做不到。理性说不必埋怨人，生病痛起来非要发脾气不可，因为它是情。所以修养到由性归到不动情，那是最高的修养。宋明理学家这一点是乱七八糟，全错了，不合逻辑。

性欲情

现在我们讲到性跟欲，佛学到中国来也引用了性与情的关系，在《楞严经》中提到，"纯想即飞，纯情即坠"。一个人思想越多，思想心理就向上升，老年人睡不着，因为头脑虚幻想多啦。纯情即坠，年轻人跟着情欲跑，思想没有那么高，所以读书很笨；读书聪明的孩子，情的力量差一点。情多想少或者情少想多，在六道轮回就分开了，譬如说变畜生的人，情多想比较少，下了地狱都是情多，脑子不灵光。这是顺便讲到《楞严经》上这两个字。

性跟欲在正统的道家讲是后天的，他说"感于物而动"，动情是性的欲望。所以性跟情，"**两者同出异名，譬如只此一个人，既有名复有字，名字虽分两样，性情原是一人。**"这是比喻，譬如一个人有个名还有个字，名、字虽然两个，实际上代表同一个人。一个人分性跟情两面，清楚地讲，一个是知觉思想状态，一个是感觉状态。像我们说舒服不舒服是感觉的，这个必须要参考佛学的唯识学，有关"色受想行识"的道理。命就是佛家讲五阴境界的色阴，包括了一部分受阴感受。佛把人的感受分三种：苦受、乐受、不苦不乐受。我们人生大部分是在那里受苦的，没有真正受乐，除非修到刚才所讲的"情来归性"，生理起了变化，就是这个色身起了变化，那就有得乐的境界。所以佛家讲禅定，三禅定的境界都是乐的境界，绝对的快感，没有痛苦的感觉。

"故曰"，引用《参同契》的原文，"**名者以定情，字者缘性言**"，这两句话现在他解释完了。根据这两句话，他引申："**其初乾中之金，变而成坎，便是性转为情。一转则无所不转，轮回颠倒，只在目前，所谓顺去生人生物也。**"这本书的注释者朱云阳真人，是清代一位有成就的道家，清代是我们的近代，已经"儒释道"三家会合了，那真是三家一贯啊！"其初乾中之金"，乾卦代表宇宙本体，金是宇宙本体那个先天之性能，在我们身体上当然是大家都一样，性是同体的。我们这个生命大家同体，中国人不讲那么多的哲学名词，我们都是天生的，一个天就代表了。天生下来我们这个命是乾卦，上下二爻变了，中爻不动，不动就是中间的中心没有动过，外面变了。一变成坎卦，坎为水。

天一生水，我们提到过几次，这个天也是代号，代表了本体，动就生出水来，不动就是没有变；没有动以前这个生命本体纯粹以精，是精神的精。所以"乾中之金"，这个纯粹以精的本体"变而成坎"。坎在我们身体就在北方，属于下部，在头上就是耳朵，所以年老耳朵聋了，气血虚了，因为耳通气海，气海穴在丹田之下，所以后天的生命，它的功能在下部是第三重投影。

它这一变为坎，就是后天"性转为情"，已经由性转变为纯情了。这个情是性变来的，情还不是坏东西，情加上妄念就不行了。妄念一个笼统名称叫做欲，情加上欲望就变了，这"一转则无所不转"，就是我们所讲的堕落，"轮回颠倒"，跳不出去了。

道家的解脱

出家人的修行叫做修解脱之道，光是解脱还是罗汉小乘的境界；大乘佛菩萨修报身，报身转了，不需要另外解脱。所谓解脱分两面来说，盐巴溶化在水里，把盐巴凝固拿出来，水是水，盐巴还是盐巴，那是解脱的办法。道家所说的解脱有好几种，一种叫做"尸解"，尸体留在这里人已经修成功了。但是尸解也有很多方法，譬如修到最后很难解脱，故意闯个祸犯个罪，被杀头或枪毙，叫做"兵解"。这是借用别人的力量把自己这个肉体处理了，把这个鸡蛋壳打破好跑出来。

借兵解而去的还不是太高明，可见功力还不到，跳不出来，这是说跳出三界之难。尸解在古代办法还很多，人死了把他买个棺材埋了，一年或者三年以后，你打开一看，棺材里没有尸体，或者只是剩一根手棍。他有一套方法，用个物件把它变成自己，装进棺材，然后连身体到别处再修过。这种尸解是比较高的，借物化形而去。《神仙传》上这些人不少，这种方法灵不灵不知道，反正我也不会这一套，没有经验向诸位报告。

空话不谈，你要晓得道家所谓解脱，不是这个道理。道家所谓修成金仙的境界，就是大罗金仙，同佛家的理论是一样的，是自己转变这个肉体，整个地变，所谓脱胎换骨，不是尸解、兵解，那些不是解脱之道。所以学佛单讲解脱是罗汉的境界，佛家认为法身、般若、解脱三个连起来的成就，是大成就，否则是小成就。换句话说，解脱的成就，严格地讲起来，还是阴境界，没有达到"纯阳"。阴境界的人得到这个阴神成就，也可以尸解而去。他有所成就，我们勉强地讲叫做鬼仙。其实也不是鬼仙，不是普通那个鬼，佛家名词叫做"非人"。这类非人不属于人，无形相，人们看不见摸不着，可是它的生命是存在的。佛经上经常说："人与非人""人、非人等"。非人是比我们人高一级的，不是人，与我们不同，但也不是鬼。

顺为凡　逆为仙

这个里头说轮回颠倒，统统受后天的精神魂魄所支配，佛家叫作"色"，色的力量属于四大。譬如我们"性"想静，想清高，但清高不来，你非吃非穿不可，跳不出这个物质约束。我们思想可以超越物质，可是身体就做不到，本来生命这个功能应该做到，但是我们人做不到。道家认为绝对可以做到，是我们自己没有把它凝固拢来，没有"还丹"。这个道理禅宗云门祖师就说过，"我有一宝，秘在形山"，我们大家都受形体所限。所以《西游记》那个孙悟空，

54

被佛的手掌心一翻就把他压在里头，叫做五指山，就是五大把他压住了。孙悟空在里头没有办法，把头伸出来，这个头脑还灵光，就是跳不出来。我们思想灵光，但跳不出这个肉体。孙悟空后来碰到唐僧，他说："师父你救我！""我怎么救你啊猴子？"他说："山顶最高处有一个符咒，观音菩萨贴在那里的，只要把那一张撕掉，我就跳出来了！"唐僧爬到山顶一看，原来是六字大明咒"嗡嘛呢叭咪吽"，这样一撕，孙悟空"咚"一下跳出来了。哈！这个是修法啊！怎么跳出来呢？行善。

现在我们在这个里头，就是这一转很严重，所谓"**性转为情，一转则无所不转，轮回颠倒，只在目前，所谓顺去生人生物也**"。顺这个路线就是人的生命，也可以说"**顺去生人**"。坎卦在下面一动，我们人欲一动，性欲就动了。后来的道家错认为要压制这个欲念，只要把这个精收回来就可以成仙。这是有理论根据没有错，但是那个有形的精如何收回来化掉？怎么化？一个有形东西回转来化，像把东西吃到胃里，有些还消化不了呢！所以这完全是错误观念，不是这样的道理。这个"**顺去生人**"，就是向下走，向下流，以此生生不已。

"**今者，仍取坎中真金，还而归乾，便是情返为性。**"所谓取坎填离，坎卦中爻这一阳，这一点真阳生命的本源，拿来填满离卦。离中虚，现在把先天一炁的坎卦中一阳，取代离中的阴，"**便是情返为性**"。"**一返则无所不返**"，所以说九转还丹。"**坚固圆常，顿超无漏**"，这个无漏是普通道家的一个名称，后来佛家也用。漏丹就是这个漏，男女情欲而漏掉这个生命，也就是肉体这个命的根漏了。其实眼耳鼻舌身意六根都在漏，无漏是全体无漏。证到了无漏，道家有个名称叫做"无缝塔"，这个身体变成没有缝的塔了，尤其是北派道家丘长春很喜欢用这个名词。佛家叫做"无漏"之果位，即阿罗汉果位，"所谓逆来成圣成仙也"，倒转来走才成仙成圣。

寂然不动　感而遂通

　　这个理论他讲过了，修道的方法呢？他说："*学道之士，若能于感而遂通之后，弗失其寂然不动之初，而丹乃可还矣。*"这个非常重要，修道怎么修呀？"*感而遂通，寂然不动*"，这两句话是《易经·系传》上的，作者是孔子，是中国哲学先天的心物一元基本理论，是说生命的自性寂然不动，永远是不动的、寂默的。后来佛经翻成涅槃，是寂灭的意思，也是其中一个理由。寂灭的东西寂然不动，本来没有动，超越时间空间；但寂灭可不是一个死东西，只要一个感应，一交感一动，它就起用了。用了以后呢？由用返归于体，用过了还是回到体。你说体没有东西那是空的，但是有感就起作用。佛家的比喻也是一样，"全波是水，全水是波"，我们本性像海水，外面的境界风一吹，就起波浪了，这就是感而遂通。外在风不感的话，浪也平息了，又回到水。

　　再讲回我们的思想，人这个思想情绪本来没有的，婴儿生下来没有说话以前，寂然不动，没有喜怒哀乐，思想、分别的观念很少，第六意识没有成长。等到头顶嘣嘣跳那个地方封口了，开始学讲话，有思想分别。第六意识慢慢成长是后天习惯性的，我们现在的第六意识差不多都是情的方面。说到修道，佛家同道家一样，就是如何把情返回自性，归到本体。现在诸位听到我讲的话，因我这些话而引起了思想，又分别对或不对，这个也是感而遂通。感而遂通使思想念念迁流，在第一个思想过去之后第二个思想还没有来时，中间这一段你要看清楚，"*弗失其寂然不动之初*"，又回到原来那个不动清净境界，这是用心理状况的方法用功。佛家的止观啊参禅啊，专从这个地方入手修行。道家也注重这个思想观念感而遂通之后的身体，当情动之后，我们欲念一起来，真正有修养道家有功夫的，就晓得欲念是个火，那一股发烧的力量向下流去。"**感而遂通之后，弗失其寂然不动之初**"，在身心激动之后能够清净得住，这就可以还丹了，"**而丹乃可还矣**"。那个生命力量不漏、不动，久而久之可以脱胎换骨。

要特别注意，伍柳派流行的还精补脑炼精化气，所注重的也在这个地方，也就是欲念没有动以前，那个情动了。假设情动了，男女欲念来了，只要有一点点，就是水源不清，已经不能用了，不可以返还。要清的水源才可以用，伍柳派说的不能说完全没有道理，就是《慧命经》《金仙证论》《性命圭旨》这一套道书中的。你们在座诸位各路神仙，要注意啦，讲清的水源，就是欲念没有动之前，这个时候能够炼精化气，勉强可以说还精补脑长生不老。所以不能乱搞，以为是修道，那个后果严重极了。

这个里头有一个大问题，当气动欲不动以前，可以说没有刺激到制造精虫这个地方，这时勉强可以讲伍柳派说对了，水源之清还算可以，可是已经很难化了。这个道书上没有，你要看别的书才会发现。我们的老祖宗黄帝，最后得道成仙，他的老师是广成子，《封神榜》上写他法力无边。广成子告诉黄帝，修道这个"至道之精"，当情绪感情在清净境界中一动，已经把精摇动了，可见这个精不是精虫卵子啊。

第六十讲

还丹的作用

我们讲到这个还丹，"金来归性"就是情欲之念完全清净了。讲清楚一点，气住脉停了，呼吸之气当然没有，身上毛孔呼吸之气也停了，所以"金来归性"，在外面的现象是气住脉停。"故曰"，所以《参同契》原文"金来归性初，乃得称还丹"。金是流动之气，他说修道就是这两句为重要的中心。"此两句，不特为一部《参同契》关键，且能贯穿万典千经"，这两句话不但是《参同契》的关键，千经万论也不离这两句的原则。他引用了佛经"《楞严经》云，如金矿杂于金精"，金矿里刚挖出来的黄金没有经过锻炼，"其金一纯，更不成杂"，经过锻炼就是提炼出来，就是我们身体情来依归性了。一念不生气住脉停，这个时候"金来归性初"，回到本源，永远不会有后天的杂念了。"《圆觉经》云，如销金矿，金非销有"，这个金是本来有的，因为我们念不动了，气也住了，它就回来了。"既已成金，不重为矿"，提炼恢复成黄金以后，"经无穷时，金性不坏，是此义也。"永远保持不坏，这是佛在《圆觉经》上讲的。《楞严经》讲的也是这个道理。

"吕纯阳云，金为浮来方见性，木因沉后始知心"，这两句是吕纯阳的名句，金性喜欢流动，说"金为浮来方见性"就是气。气分三种，我们讲过的，但是这个气，勉强讲一句，不是呼吸的气，而是息了。"木因沉后始知心"，木为情，杂念妄想不起，本心出现了，所谓明心见性了。

张紫阳真人这位宋代祖师也讲过，"张紫阳云，金鼎欲留朱里汞，玉池先下水中银，亦此义也。"这也是讲这个气跟性情归纳起来作用。"可见三藏梵典，只发挥得金性二字"，说佛家道家儒家的各种经典，就是讲性情两个字。"**万卷丹经，只证明得还丹二字，且更兼质之义易，若合符节**"，他的作用同《易经》的这个卦象程序作用一样。他说我们懂了这个，自己就晓得用功，"**可以豁然矣**"，就清楚明白了！"**还丹法象，已备见上章，此特结言其名义耳。**"还丹已经在上章讲得很清楚，这一章不过是特别说明它的作用或者意义。

再说大小周天

我们要把性情这个道理讲清楚，虽然第十五章尚未完，但是我们先参考"坎离交媾章第十八"，因为这里与前面还丹有关连。"**此章，言坎离交而产药，应一月之晦朔弦望，乃小周天之火候也。**"希望诸位把十二辟卦的图表带来。在这个身体内部，大的叫"乾坤交"，小的叫"坎离交"。乾坤交就是大周天，坎离交叫小周天。从道家伍柳派以后，大家对小周天有一个似是而非的观念，认为做功夫，气脉从背上慢慢爬上来，爬到顶上再到前面这样转一圈，所谓转河车，认为这就是小周天，认为小说上打通任督二脉就是小周天。假定承认身体有形的任督转动这个感觉叫小周天，请问大周天怎么转？所以这个小周天的说法已经有问题了。现在正统道家告诉你，周天就是天上一圈，阴历每月月亮一出来到沉下去，这一圈叫做小周天；大周天就是太阳的行度一年。太阳行度也是我们人为假定的，太阳在太空中走一度，等于这个表秒针嘀哒这么一度，这就是我们一个白天，一年三百六十五度多一点，这个太阳的行度，也就是大周天。到人体上来说，我们做功夫刚才讲"金来归性"，归到本位，就是大周天。妄念归到如如不动的境界，也就是还丹的现象。修神仙长生不死之道能还丹的话，那可以说是成功一半了，可

61

是还要继续修的。

坎离交媾章第十八

　　晦朔之间，合符行中。混沌鸿蒙，牝牡相从。滋液润泽，施化流通。天地神明，不可度量。利用安身，隐形而藏。

　　这一段是修炼还丹的现象，换句话就是本身的"坎离交媾"。这两个名称我们都不厌其烦反复再讲，怕诸位不大熟悉。坎卦在身体上是肾，肾是水。离卦是心，心也包括脑筋的思想，脑下垂体。坎卦不只是两个腰子，还包括前面的青春腺、肾上腺、性腺；在男性包括精子的部分，女性也一样，这都属于坎卦的肾。所谓心肾相交就是上下相交，这个我们也讲过，年老中气虚了，所以睡眠不好，因为心肾不交，也就是水火不交，也叫坎离不交。

　　中药有许多调整方子，像小还丹啊，什么龟鹿二仙胶，都是滋阴补肾，降心火的作用。在理论上说对，但是各人身体不同，加上其他的外感，当然不灵啦。有人吃那些药，又非常灵光，所以顺便告诉诸位，尤其是学中医要懂得这个，修道更是非懂医药不可。修道的人个个通医，天文地理、气候变化、衣服饮食统统要注意，一不注意马上病了。病了不要紧，一天到晚老是要给你们拿药，像照顾妈妈爸爸一样的麻烦，而且药也很花钱哪！我说你们多慈悲慈悲我，这个不能不懂啊！自己又不懂又要修道，怎么行！

　　"坎离交媾"就是这样，人能够天天坎离交，精神水火相交，换句话说，神跟气两个凝定就是坎离交。这一段我们还是用朱云阳真人的注解，比我讲得还清楚，我在他这个注解上再加以解释帮助大家。"此节，言晦朔之交，日月会合，为大药之根本也"，每个阴历月底月初之交，从二十九到初三这五天，天黑无月亮，就是晦，就是全黑。全黑在天体的现象叫做纯阴、至阴；五天之后，月亮慢慢由轨道移出来了，是谓朔。

这是讲朔气的现象，他说这个"晦朔之交，日月会合"，太阳月亮阴阳配合在一起，这是比喻，是修气，这个气是什么？我们地球夹在太阳月亮中间，这个就是产生大药的根本。我们修道也是这样，"造化之妙，动静相生"，造化之妙，制造万有，变化万有，宇宙生命的根本，一动一静，互动相生。"循环无端"，两个转过来转过去，没有停止过，没有起点和终点。中文叫无端，佛经翻过来叫无始，端也就是始。

元会运世是什么

"然不翕聚，则不能发散。不蛰藏，则不能生育。故以元会计之，有贞而后有元。以一岁计之，有冬而后有春。以一日计之，有亥而后有子。以一月计之，必有晦而后有朔。此终则有始之象也。"这一段麻烦得很，我想给诸位简单介绍一下《易经》《皇极经世》所谓的"元会运世"。一元有十二会，一会是二十运，一运有十二世。我们中国文化算宇宙的开始，把以前的切断，从唐尧登位当皇帝就职那一年起，定为甲辰年，六十年一变，一百二十年一变，一百八十年一变。一个甲子管六十，为一元，分为上元甲子、中元甲子、下元甲子，三元甲子合拢来又是一个单元。六十年六十天或者六十个时辰都在内。

"天开于子，地辟于丑"，宇宙何时开，不管它了，"人生于寅"，人的文化开始是十二个时辰里的寅。辰年是尧登位那一年开始，现在是一九八三年，中元甲子过去了，明年开始下元甲子，又

63

是一个甲子来啦。这个三元甲子演变，甚至于每一个国家乃至你我个人命运的演变，都可以计算出来，这叫做"元会运世"，这一套是《易经》的道理。你们青年同学说要学这个，我答应了好几年要教你们，一方面没有机会，二方面我也懒得教，三方面我也不希望你们学会。学会了钻进去一辈子就爬不出来了，因为看通了世事人情，人生就一点味道都没有了，还不如不晓得明天的事，才比较简单。

现在讲这个法则，拿一个月来讲，"*必有晦而后有朔，此终则有始之象也。*""*何以谓之晦朔，月本无光，受日魂以为光。*"这是古代的说法，就是月亮反照太阳的光。"*至三十之夕，光尽体伏，故谓之晦*"，每月阴历三十晚上绝对没有月亮，这叫"晦"。人倒霉一脸晦气！这个晦字就是黑气，没有光彩了，所以叫做晦气。"*此时日与月，并行于黄道*"，就是天文的黄道面。"*日月合符，正在晦朔中间*"，我们必须要懂这个道理，因为人身是个小天地！不过你不要因此半夜子时起来打坐！那是太阳的天地，我们有自己的活子时。伍柳派也讲过这个，比如你喜欢打牌，打了三天三夜，夜里睡下去，中午醒来就是你的活子时。你中午醒来，配合打坐好不好？那最好！有阴阳交会，怎么不好呢？所以你要活用。

修道千万不要迷信，什么算命看风水，我也学过，是为了修道才学的，不是为了想做算命先生，学会了我一辈子不用。你说风水坏嘛，我专在那个坏的方向坐，我就看看怎么坏法。心正则万法皆正，一切唯心，方位也可以变嘛，这个地球是圆的。不过宇宙的法则，那个大自然的力量还是很大的，你能抗拒得了吗？除非你有一套，一套什么？就是功德，要多做善事，只有善行慢慢可以抗拒，其他没有力量可以抵得住的！这是顺便讲到这些。

衰老是头脑

我们身体这个小宇宙，"吾身日精月光，一南一北"，就是一上一下，头脑上面清醒就是太阳，下面就是月亮。古人那么表示，没有错，修道也要懂现代医学，尤其现在生理医学进步得特别快，要特别注意。看到一些新资料，有些法则他们也会懂了。说到还精补脑长生不老，真正的衰老还在头脑，如果头脑这部分衰老，人就衰老。道书的道理，头脑就是太阳，万物就靠太阳光明来，眼睛是太阳，耳朵是月亮。中国的道家要分析起来多得很，你说为什么要那么啰嗦呢？因为万物各有一太极，各有一个宇宙。你说这个茶杯盖是一个小宇宙，它还可以分成小圈圈，这个面上假设构成一百个圈，每一圈它又有它宇宙的生命。万物各有一个生命体，你懂了，修道就晓得用了。

所以一南一北，一上一下，南北的交媾像太阳交媾，"赖真意以追摄之"，这就是方法了。真意不是气！这要参考佛家的天台宗，根据佛的分类，我们这个气，在高山清净地方，自己会听到呼吸响，这叫做风，不叫气。慢慢宁静下来，这个风静下来，很轻微了，那个叫气，这要在很静的地方。不过你们真会打坐，功夫好了，虽在吵闹的地方，耳朵也会听到自己，那么你的静的功夫就差不多了。风静下来变成气，气再轻微一些时，呼吸往来都听不见，道家叫胎息，是肚脐在动，同婴儿一样的在动，鼻子里头像没有气了，很久才动一下下。所以道家叫做胎息，胎儿在娘胎里头不是鼻子的呼吸，是里头在一开一合，这个时候才晓得有个丹田。

丹田的问题

有个医生朋友问我:"这个丹田,我们对自己文化虽然崇拜,但实在信不过,这个解剖出来没有啊!"我说当然没有,他说那怎么讲?我说你们学的不叫生理学,是死理学,拿那个死人来解剖的。我们中国老祖宗是拿活人来解剖的,讲起来很残忍。在活人的身体上开刀,一拉开那个力量大得很,会夹住刀子的,因为那个肌肉的收缩力量太大了。活的生命当然有丹田,尤其在真息的时候,那个胎息的力量才大呢,在古书叫做阖辟之机。阖就是合拢来,辟就是翻开,这个就叫丹田。现在我把秘诀都给你们讲了,我认为道是天地之公道,我知道的都告诉你;但是有时候不讲,因为你不到这个程度,给你讲了也不懂。这个里头有上丹田、中丹田、下丹田,你没有功夫也没有打开气脉,所以不懂,你打开了就懂。其实那里除了有根骨头外,真有个丹田吗?可是功夫到了那里,才晓得呼吸不在鼻子,而是丹田这里在呼吸,那真是与天地精神相往来,像充电一样的。但是你不要假想,如果假想就变成神经病了,要功夫做到才行。

所以他说我们身体上的还丹,坎离交媾靠什么呢?要"**赖真意以追摄之**",所以叫阴阳交媾,婴儿姹女两个结合,神与气合,就是佛家讲的心与息两个合,密宗就是心风合一,天台宗讲心息相依。道家讲的神气两者结合,全靠真意摄之,就是刚才我给你们讲的,都透露过了,可是你们不懂。真正的还丹是要修到气住脉停,这个时候才可以说还丹。修禅宗的这个时候可以说妄念不起,暂时无念了。

神气坎离会于中黄

这个时候"**方交会于中黄神室**"，神气坎离在这个时候才得到相会。什么是"**中黄**"？就是普通所谓中宫，中宫是胃。有些道家认为胃就是"**中黄神室**"，其实到这个时候并不一定是指胃，而是中气足了。有个学密宗的，出了一本很大的书骂道家，说道家把中黄认为是中脉错了。错了也用不着骂嘛！几千年文化，我们的老祖宗总有他的道理。他不懂得《易经》，中黄是个代号，中脉、中宫都是代号，黄这个颜色代表中央。

你看隋唐或者西藏塑造的佛像，三围一定清楚，坐起来不会弯腰，神气交了，中气足了。我看在座的不管男女老幼，肚子上都有一坨一坨的，中气没有了，坐起来弯弯的才舒服。胖出来挺着的也不是，身体已经两节了。真正中黄通了就充满，充满不是鼓起来，反而变成细腰身，恢复童年了。如果打坐的姿势不标准，入定是不可能的！这叫法则。有人画的神仙，老僧入定都是弯腰驼背，又说神仙满脸红光，都不对。所以说神仙是面如冠玉，冠玉是以前帽子上面有块方方的白玉，羊脂白玉，滋润漂亮。这个时候到中黄了，说中黄这个境界叫做神室，心之下肚脐之上。

"**水火既济，正在虚危中间**"，虚、危是两个星座，在天体北方。"**虚极静笃，神明自生**"，学佛学禅宗的人，想一念不生，如果功夫不到，做不到一念不生啊！禅宗祖师骂人，讲那些狂妄口头禅的人是"空腹高心"，怎么能学禅？空腹高心是引用老子两句话，反转来骂人，老子说"虚其心，实其腹"，念头空了是虚其心；实其腹，气就会回转来，气住脉停了嘛。所以禅宗祖师骂人是隐语，空腹高心是气也没有住，思想就在脑子里转，妄念停不了；气在上面，妄念沉不下来，所以就睡不着。失眠就是因为气在上面，不是血压高，不是血在上面，血压可能还低呢！血压跟气两个又是两路走法。所以这个时候假设虚其心，实其腹，那就是老子所讲的虚极静笃，禅宗讲的悟道。道家没有讲你悟不悟，道家用"神明自生"，就是佛悟的境界，你的智慧不晓得哪里来，是自然而至。所以先见之明都会有，是我们自性本来有的灵光现前。

他说这个就是"即一刻中真晦朔也"，古代一个时辰等于现在两个钟头，分三刻。换句话说，四十分钟当中，你真到了这个境界，就是快要还丹了，长生不老之药的境界，你懂得了，你拿到了。所以大家想百日筑基，筑个什么基啊？有人说一百天不漏精，那么有人两三年都不漏，你说他成道了吗？把他解剖来看，他有什么丹在里头？大概中间有些小瘤子，长些结石，那不是丹，不是那个东西，如果不晓得化掉，还很严重啊！这个是秘密里头的秘密，都在这个书里，诸位未来的大神仙，自己好好去参想吧！不过你们成功了不要忘记我，要来度度我啊！

上次讲到坎离还丹的问题，所谓还丹就是如何把本有的修回来。什么叫"坎离交"？就是小周天，讲月亮的出没，所谓周天就是一个周期，一个旋转。每个月初就是朔，月底是晦。

神归气穴坎离交

"故日，晦朔之间，合符行中。造化之日月，以魂魄相包。吾身之日月，以精光相感。当神归炁穴之时，不睹不闻，无天无地，璇玑一时停轮，复返混沌，再入鸿蒙。即此混混沌沌之中，真阴真阳，自相配合。故日，混沌鸿蒙，牝牡相从。""晦朔之间，合符行中"是《参同契》原文，头尾各两句都是原文。中间讨论到"造化之日月"，这个造化就是天地，太阳和月亮代表两个伟大的精神，太阳代表阳魂，月亮古代称为月魄。一个魂一个魄，魄是借这个魂而发光的，天地的日月"以魂魄相包"，我们本身也是一样，我们的这个生命，不是指身体，身体同生命观念应该分开。"吾身之日月，以精光相感"，身体的日月就是精跟神光。精是指精力，是说身体各方面都很健康；光就是指神光充足，并不是头顶上开着电灯，而是说人的神气、头脑、思想都很灵敏；精和神光相感，是说两个合一了。

下面讲得很明显，说明什么是坎离交，"当神归炁穴之时"，神回到炁穴去了，有形的炁穴在丹田，标准的地方就是肚脐之下，阴毛之上，以自己的身体做标准，因为每人高矮胖瘦尺度不同。神如何归炁穴呢？在道家的说法就多了，各宗各派因这句话产生了各种修炼的方法。有些修道的人，一坐起来就想把头放到肚子里去，你想想看这个做得到吗？还有一种神归炁穴，打坐的时候假想把头拿下来，放到肚子里去。当时他们都很秘密的，搞得神奇古怪，有什么引证师、引礼师、点传师，也是这一套，是中国流行的，包括青帮红帮都是那么搞的。有很多方法似乎都很神奇，一学会了却发现非常可笑。这个修法哪里来的呢？是佛的《禅秘要法》里头白骨观来的。佛传的有三十几种方法，有一种观想把头骨放入髋骨，后来道家就把它拿来叫"神归炁穴"。还有好多，我要是报告出来，你们年轻人听了都不知哪个对。

我们知道身体下面部位是有形的炁穴，修武术的，譬如说少林武当等，都晓得那叫气海。我们以前学武，学之前老师告诉我们，要是跟人对打，气海那个穴道不能打，会打死人的。正统的神归炁海不一定是有形，但是有形的气海连带起作用。什么叫神归炁海呢？就是无念！所谓"六根大定，收视反听"，原则就是两句话，实际方法也在内。不听外面的声音，眼睛也不向外看，直到前面光及影像没有了，就凝定下来。凝定到极点，有一点气住，呼吸停止的现象。要是说人修到入定时就是完全气住了，那是绝对不可能的！只能说他的呼吸缓慢，间隔拉得很长很长。

一个入定的人，他的心电图很平的，很久才轻微地动一下，但不是病态。这是神归炁穴的境界，也就是佛家讲所谓气住脉停的禅定境界。实际上心脏还是有动的，还是有轻微的呼吸，鼻子的呼吸很少了，皮肤的呼吸还在动，这是神归炁穴，这是坎离交。这个时候对境心不起，"不睹不闻，无天无地"，完全忘我了，身体的感受没有了。如果身体还感觉气到了背上到了前面，以为自己任督二脉打通了，那根本就是感觉状态，连神归炁穴影子都没有呢！

隔阴多半会迷

到这一步，感觉已经不必谈了，早过去了，所以"无天无地"，这个身体什么感觉也没有，"璇玑一时停轮"。璇玑是天文的仪器，在这里代表脑子思想绝对无念，身体上气机的流行绝对静止，这两个静止就叫做"璇玑停轮"。还有一句"日月合璧"，就是精神与气血归一，所以"璇玑一时停轮，复返混沌"。混沌是什么境界呢？庄子说混沌的典故，我们已说过，在道家，混沌所代表的就是胎儿刚刚进入娘胎那一刹那，精神跟精虫卵脏结合，相似于昏昧、昏迷。道家讲混沌只到这里为止，佛家则更进一步。要了解其中道理，必须研究佛经。人进入娘胎，是所谓种子生现行，种子就是过去生的业力累积。精虫卵脏两缘结合不会成胎，要三缘和合，要自己的灵性加入精虫卵脏，这三样刚刚碰上了才会成胎。

任何人入胎都要昏迷，所谓隔阴之迷，隔一个中阴就不知道了。今生死后再去转入一个生命，不一定变人，或者变畜生或者升天。隔阴就迷了，隔阴要不迷非常难，大阿罗汉八地菩萨差不多可以了，七地以前的菩萨还有隔阴之迷。迷有几种，我们普通人入胎就迷了，住胎也迷，出胎也迷；有人入胎不迷，住胎、出胎迷了；有人入胎住胎不迷，出胎迷了。出胎迷已经了不起，佛道两家说，这是再来人也。再来人在中国古代的文学还有一个名称叫谪仙，就是已经成道的仙或者罗汉，因为还没有完全成功，修错了法，堕落下来了。譬如我们文学史上称李太白是谪仙；佛家的初果罗汉、二果罗汉都是再来人；到了三果以上大阿罗汉就不再来了，即使不再来也是请长假，暂时不来，不是永恒。但是这些人出胎就迷了，不久则会清醒过来，慢慢自己就会修道。

我们过去有一两个朋友，他们硬是记得前生的事。所以我们现在可以做统计，找些儿童来调查，三岁以前的事情能够记住的很少，也有人会记忆到一岁的事那就不简单了。也有人记得前生的事，但绝不会透露。过去我有许多这类朋友，有位朋友讲到三生的事，宋朝他是什么人，清朝又是什么人，最倒霉就是前生。我问他前生是什么，他说是狗，他气自己是狗，就把自己撞死了。我这位朋友是绝不说假话的人，他过去很有地位，不会也不用讲假话。清代有位四川名将岳锺琪，在康、雍、乾之间，他的诗境界非常高，其中有名的两句，"只因未了人间事，又做封侯梦一场"。他好像晓得自己是再来人一样，这个气魄也很大，我们年轻时很喜欢他的诗句。

神不迷　身混沌

讲这些道理是说明入胎迷也好，不迷也好，迷与不迷是神的境界，不是气的境界。神、气两个是分开的，气的境界是讲身体这一部分，身体部分有混沌的现象，不迷是神不迷。所以混沌是神气两者相包，等于馄饨一样，里面有肉外面包馄饨皮，神被气包住了。前面提过云门祖师说的，"我有一宝，秘在形山"，我们思想可以很高远，想到太空去，可是去不了，被肉体包围了，两样混合不能解脱。所以小乘的佛法是修解脱，把这两个分离，像化学一样分解，可以得到真正的自由。但是解脱不是最高的道，只能到罗汉境界。菩萨境界不修解脱，要待身心两方面都成就，肉体的四大还要转化，因为心物两个是一体的两面。

现在第一步修到还丹的境界，收视返听，到达六根大定。六根大定以后，这里告诉你**"不睹不闻，无天无地，一时璇玑停轮，日月合璧"**，再进入混沌。有同学问，如果一个人打坐的时候进入混沌，是不是人也变混沌了？不会的！正统的修法，到那个时候虽然进入混沌，这个身体更端正，绝不会倾斜或者弯曲。如果说非要弯起来，或倾斜才能进入混沌，已经不对了。真正进入混沌等于塑的佛像一样，三围很清楚，这样进入混沌就是正统。这个外形同内在有关系，假使有倾斜，就是他色身上肉体四大的功夫，没有修好，气脉没有完全修通。可是也有一种现象，真到了混沌境界他就变得很小，身体会缩了。这种人当然很少，不过我没有这种经验，只是把知识告诉你们。等于你们初学打坐的人，有时候觉得身体长高很大，有时候觉得缩得很小。开始时是一种感觉状态，真证到混沌状态不是感觉状态，而是真实的状态，可以放大可以缩小。释迦牟尼佛在白骨观的修法里就提到过，不过他是秘密地说，不像我明确地说这是进入混沌的真实现象。至少最正统的说法，基本上也不缩小也不放大，是端正！决不是弯腰驼背的。

"复返混沌，再入鸿蒙"，在这个境界，"即此混混沌沌之中，真阴真阳，自相配合"，这才叫做阴阳交媾。代名词叫"坎离交"，是本身的阴阳在交媾，本身的阴阳在双修。从佛学来讲，这个世界叫做欲界，欲界有两性关系，就是公母、雌雄，由男女两性的关系而生出生命。不但人是如此，任何一种生物包括植物，都是这样。欲界的生命是借用两性的合作，由混沌状态构成一个生命。但是有一个理论，修道修到这个程度，他不借用别人的合作，靠本身具备阴阳两性的功能，在自己的生命中间再生一个生命！像这样不借用他人的肚子而生，已经不是欲界的生命了。

所以我常叫你们注意三界的生命，佛经告诉我们欲界的生命是两性合作的，是需要欲念交配而发生的，这个生命是向下走的。到了上界的天人，就不是欲交了，是气交，怀孕的是男人，生孩子是从头顶上、肩膀上生。道家书上所讲的出阳神化身，都是色界人的出生境界。不过色界天也分好几层，更高一层的不是气交，而是神交的境界，神交产生另一个生命。说了那么多空话就是说明混沌境界，我们用自己的生命来修道，男女都一样，"真阴真阳自相配合"，以本身的阴阳交配，不借用外力。在自己原有生命里产生另一个生命，必须要经过混沌境界，所以《参同契》的原文告诉我们"混沌鸿蒙，牝牡相从"，牝牡就是男女、阴阳。牝是女，牡是男。

自身阴阳交

"元牝相交，中有真种。元炁绷缊，杳冥恍惚。正犹日魂施精，月魄受化，自然精炁潜通。故曰，滋液润泽，施化流通。"这一节朱云阳真人的注解，都把修道的境界与消息很坦然地告诉大家。古人并没有像我们现在讲得那么清楚，古书是古文写的，你自己古文不好，认为这个是死书死文字不清楚。老实讲，用白话我也会写，但用白话怎样都说不清楚，怪就怪在这里。最近我们本院同学研究文言白话，这两个对比，反而觉得白话非常难表达。这个本文里，他写得非常清楚，什么功夫，什么境界，什么口诀，都告诉你了。到了"混沌鸿蒙"这个境界，就是"元牝相交"。元就是根源，生命根源，牝就是母性、阴性。原始生命真正在交媾，这个交媾并不是难听的话，自己本身生命这个阴阳一定要交媾的。

普通人本身也在交媾，就是真正熟睡那一刹那。为什么人极疲累时非睡不可？人真正熟睡的话，只用半个时辰、一个小时就够了；可能有些人说这不行，我要八个小时才够。其实大部时间都没有睡，都在妄想，大脑没有完全休息，都在做梦，做了梦又忘记了。真正熟睡时，正是亥时到子时那个现象，在完全混沌的境界睡着了。我们研究一个睡眠中的人，在他真睡着时，他的呼吸一下停掉了。如果没有这个睡眠经验，看看枕边人的睡眠，然后自己研究就知道了。看婴儿更清楚，他真睡着那一刹那，呼吸停掉了，不呼也不吸。在这一刹那之间，阴阳在交，所以哪一个人不阴阳交？不交就死掉了。

所以道家的道理完全准确，懂了以后就是老子一句话，"道法自然"。你不要另外去做功夫，只把握住看牢就行。生命在未死以前，它自然的法则一定是那么走的，不是你领导它，而是它领导你的。结果一般修道人自以为很聪明，领导这个生命走，都搞反了，头上安头。每人每天自己内在都是阴阳相交的，自己的任督脉本来在流行。一天不交，一天不流行，就病了；交得不好，流行得不好，也会病。你要懂得这个理，能够把握得住，这个生命自己可以控制，不必用功夫用导引，都不要！交就是这样交，我们要懂这个原则。

真种是什么

所以，"元牝相交"就是生命之内本来的阴阳相交媾，在这相交媾之间，"中有真种"。人自己搞不清楚真正睡着了没有，世界上没有一个人真正睡着，真睡着的时候，最阴的当中有真阳之气，是一点灵明没有，昏昧的。普通人不认识自己，经过打坐修道以后，工夫久了就慢慢认清楚了。这个人即使是昏迷，或者睡得很熟，这一点灵光并没有昏昧。因为你没有经过好好修养，所以认不清这一点灵明不昧是本来存在的。这一点灵明不昧就是真种，成仙成佛的真种就是这一点，不是身上的这个气，不是这个精虫，不是转过来转过去的这里有感觉那里有感觉。这些都不相干，这些都是假有。假如你认为气动了，那不相干，可是有作用，不能说没有作用。真的道就是灵明不昧，这一点是真种。

"元炁缊缊"，缊缊两个字出在《易经》，是形容词，就是混沌的意思。所谓缊缊、杳冥、恍惚、混沌，这四个名词合起来就是一个。引用近代学者吴稚晖的哲学理论，什么宇宙开始是上帝创的，他都不承认，他说原始的那个东西就叫做"一塌糊涂"，差不多就是这么一点混沌。所以老子叫它杳冥、恍惚，《易经》叫它絪缊，庄子叫它混沌。到底那个境界像什么呢？"正犹日魂施精，月魄受化，自然精炁潜通"，像夏天的太阳，把我们晒得热极了，地球摄住这个热能，空气都不流通，絪缊收到了极点再放出来，碰到上面一冷就下雨，就这样一阴一阳交化。所以"日魂施精，月魄受化"，月亮本身不会发光，它反映太阳的光。这个时候，"自然精炁潜通"，虽然看不出来，但互相在通。

人为什么学佛修道要打坐？打坐就是四个字形容："精炁潜通"，你用不着用心的。老实讲，何必做什么功夫！你久坐必有禅。什么道理呢？因为你这个生命，少使它劳动，本身自然有一个法则在动在产生，你慢慢就感觉到了。不是你做功夫做出来的，你越做功夫它就越跑，你坐在那里又要想办法做功夫，又要通那里通这里，你说多么劳苦！道法自然就是"精炁潜通"。

春困的现象

刚刚我们讲到"自然精炁潜通",这个潜是潜伏的,也就是暗通。所谓暗通并不是你去领导它,是它本身自然地在通。《参同契》讲"滋液润泽,施化流通",魏伯阳真人的原文只是两句话。这个时候到达气住脉停,混沌的状态,所谓天一生水这个境界,浑身的每个细胞,乃至口水,乃至精气,乃至脑下垂体,自然都在变化。变了以后一身皮肤都变润泽了,发光的。"滋液"就是讲津液来了,现在的漂亮术语就是说,等于打了一针双性荷尔蒙,非常滋润。不只一个地方变化,每个细胞都在转化,所谓"施化流通",普遍地施开了。

"方其日月合符之际,天气降入地中。神风静默,山海藏云",这最后八个字文学境界很妙,可以写一副对子。"一点神明,包在混沌窍内,无可觅处,此即一念不起,鬼神莫知境界。故曰,天地神明,不可度量。"所以,混沌境界是道家的基础,真正的基础。普通所讲的百日筑基,能够到达这个境界才是第一步基础成就,还要再进一步修的。做功夫到达"日月合符",就是刚才讲"日月合璧",太阳月亮合于轨道,这两个宁静了。到达这个境界,"天气降入地中",用宇宙现象做比喻,这就是每年仲春阴历的二月,古人有一个形容,就是《红楼梦》中的话"春困"。春天人很困倦,没有精神,尤其是年轻男女,到了所谓怀春期,性知识刚刚开始,身体刚刚成长,春困得非常厉害。早晨叫他背书包上学,那真是莫大的处罚。我深深感觉,我们当年读书比你们现在舒服,到了春困的时候,不上学佯称病了。

春困这种现象就是"天气降入地中",道家这里面又产生一些方法。我们不好讲他是旁门左道,旁门左道并不是骂人,旁门也是门，左道也是道，不过迂回一点而已。有些道家加一些变化，是有意的、想象的，先守在上窍，慢慢把上窍的气用意识引导下来。为什么要这样修呢？他有所根据，就是"天气降入地中"。这种功夫方法，也合于道家的原理，属于导引的方法，纵然有效果，但价值很低。真的道是道法自然，听其自然，功夫到了那个境界天气就自然下降地中，头部的感觉忘了。所以你们学佛或学道的，打坐做功夫最痛苦在哪里？就是头脑整个的感觉忘不掉，所以你感觉气在这里动啊，那里动啊，那都不过是脑神经的反应！真到了头脑气满，就忘掉了头脑，天气自然下降，感觉身体没有了。其实不是没有身体的感觉，而是你整个的脑部的思想、思维意识停掉，那就是到"天气降入地中"了。

混沌境中

那个时候他用八个字形容，"神风静默，山海藏云"，每一个字都不得了，这八个字用得妙极了，而且对仗非常好。气就是神风，气聚神凝；山海藏云，等于秋天到，万里晴空没有一点云雾，云都藏起来了，就是天气晴朗到极点。所以禅宗祖师形容的"千江有水千江月，万里无云万里天"，就是这个境界。朱云阳祖师这八个字，跟禅宗祖师这些名句的价值都差不多。"山海藏云"就是万里无云万里天，"神风静默"就是千江有水千江月。处处灵明，处处反映。这个时候，我们生命本来的这一点元神灵明不昧，包在混沌窍内，在混沌真境中，无影无踪。这个时候你有知觉吗？没有知觉；没有知觉吗？千江有水千江月，万里无云万里天，无所不知，也一无所知！禅宗经常讲到无念，唯有此时才能到达真正无念。

所以学禅也好修道也好，都是一个境界，表达方式不同而已。

天下真理只有一个，不论中国人、外国人、古人、现代人，生命都是这个样子，没有两样，只是名称不同罢了。到这个时候才叫一念不生全体现。一念不起，鬼神都不知你藏在哪里。为什么鬼神都不知？因为你藏在鬼神那里所以不知。庄子讲过三句话："藏舟于壑，藏山于泽，藏天下于天下"，"藏舟于壑"就是我们打坐修定，把念头收到中间，属于小乘中最小乘的境界；"藏山于泽"是中乘的境界，比较好一点，不管身体，只管念头；大乘的境界是"藏天下于天下"，所以找不到了，他藏在本位，鼻子就放在鼻子，眼睛就放在眼睛，所以找不到。因此我们眼睛可以看别人，没有办法看自己，藏天下于天下就是在本位上。

你觉得庄子的书难读，其实一点也不难读，他都明白告诉你了，是用比喻告诉你的。这三句话你懂了，做人处事的道理都在其中。有时候要藏舟于壑，要保留一点，有时候藏山于泽，最要紧是藏天下于天下，但是你讲了人也不懂。这没有什么秘密，把秘密公开了他也不懂，为什么呢？因为人都好奇，喜欢向外找。所谓一念不起很容易，但每个人都做得到，所以佛家的修法与道家不同，是反过来走，他高明也在这里。其实是一个路线，先做到一念不起，自然就混沌了。严格讲佛家跟道家的东西是一个，只是进入的方法不同，搞不清楚的话还以为有差别。其实什么三教五教都没有差别，道理是一贯，不是一贯道那个一贯，一贯起来，就是孔子说的一个真理，没有其他。一念不起，那是鬼神不可知的境界，这个境界原文是这样讲的："故曰，天地神明，不可度量"。

"天入地中，阳包阴内，归根复命，深藏若虚。不啻龙蛇之蛰九渊，珠玉之隐川泽"，这个时候，阳进入阴里，阴代表宁静，不动；阳代表流转活泼地走动，这是"归根复命"的境界，命功的基础有了。修道做功夫到混沌的境界，可以说命归你所有了，这是说命功的功夫到了。不过随时要能入混沌，不是瞎猫撞到死老鼠，偶然一下不算。我访问过此地的一位老前辈，已经九十岁了。三十年前我到山上去见他，我说，听说你过去曾经入过几次定，我断定你那个时候没有超过三十五岁。他说是啦。我说，你三十五岁以后，再想随时进入那个定境做不到了。他说对了！我问他为什么？他说，弘法事忙。我只好笑一笑，不谈了。这就是功夫来撞他的。你们注意啊，你们年轻偶然撞到这个境界也有，一念不起，那是瞎猫撞到死老鼠，那不算本事。你要随时做到要进入那个境界就可以进入，这样命功就有把握，基础才算建立。不要在这里听过，出去就吹，变成大师，害人害己的事不要干。人生有三件事不要做：自欺、欺人、被人欺。真修道的人，这三件事都不做的。

如果做到"阳包阴内，归根复命"，可以说命在你手，真能够到达了，自然祛病延年；以儒家来讲，才真有资格说变化气质。这是第一步开始，等于你得了胎藏，这个时候"深藏若虚"。这句话有两个意思，第一个意思，功夫到达这个境界，身上六根不动。禅宗祖师形容，如鸡抱卵，昏了醉了一样，踢一脚都不动，忘我了。这个时候修道功夫到了"深藏若虚"，这是一面。另一个意思，修道功夫真到这个境界，要谦虚不要傲慢，不要认为了不起，做人做事"深藏若虚"就好了。这个时候"不啻龙蛇之蛰九渊"，等于动物冬眠一样，像蛇到了冬天，嘴里含一口泥巴钻到洞里，几个月都不会死，一口气就保持住了生命。"珠玉之隐川泽"，好的玉含藏在内不动。

养气以归根

"谭景升曰，得灏炁之门，所以归其根。知元神之橐，所以韬其光。此之谓也。"谭景升是道家神仙人物，名叫谭峭。他有一部著作《化书》，你们青年人值得研究。谭子这本书，也是中国古代科学的书，包括物理、化学、生物，内容很多。他的父亲是唐代一个"国子司业"；唐朝的国立大学校长就叫国子祭酒，司业相当于副校长。那时国立大学只有一所，不像现在。他父亲只有这个独子，可他天生喜欢修道，离家出走了。古代的青年也发生这些事，所以青年都是问题，有人请我演讲青年问题，我说青年从来就是问题，凡是青年人一定发生问题。你看这位神仙也是这样，过了若干年回家了，父亲很高兴，他住了一阵子还是要走。他已经修道成功了，是有名的神仙，他最有名的一首诗：

线作长江扇作天　靸鞋抛向海东边

蓬莱信道无多路　只在谭生拄杖前

道家讲蓬莱等于学佛的人讲极乐世界一样，是个代号。"蓬莱信道无多路"，代表神仙成道很容易，"只在谭生拄杖前"，道就在这里。"谭景升曰，得灝炁之门"就是形容他的话。灝炁之门是孟子的话，"吾善养吾浩然之气，充塞于天地之间"，就是这个道理。"得灝炁之门，所以归其根"，是要进入混沌灵明的境界。

"知元神之囊"，晓得元神的根底，"所以韬其光"，这神光就内敛，神光往内走不向外。我们现在六根、头脑聪明向外发展，把生命消耗了，要把生命重新修回来，就韬光养晦，神光内敛是养生之能，"此之谓也"。他这里引用谭峭的话就是这个道理。《易经》上有两句话，《参同契》这里引用了："故曰，利用安身，隐形而藏。"现在人都讲利用，真正的利用，就是这个大利用。"隐形而藏"，外表看不出来，是在混沌中。（编按：接下来的十八章在本书第六十五讲。第十九章及二十三章未讲解，因上篇已讲得很详细了。）

我们上面是为了说明"坎离交"，道家第一步功夫，参考了朱云阳祖师的注解。下面中篇下卷专讲伏食，从性情交会章第廿四开始，共计八章，专讲伏食，就是我们怎样把这个长生不老丹药吃下去，还丹回转来。"此卷专言伏食，而御政养性，已寓其中，义同上篇。"证道的规则，怎样修养心性，道理在这中间，道理同上篇一样。刚才讲坎离交，神气相交。这里名称不同，告诉我们就是性情交会。上次我们讲过《礼记》里提到，人的知觉和感觉，分成性和情两方面，把能够知觉思想的、理智的这个叫性，喜怒哀乐的情绪叫情。有时候我们发脾气，不是骂人，是好像一下不高兴，尤其是内向型的人，莫名其妙就烦起来。特别是小姐们最容易发脾气，一面对男朋友发脾气，一面心里又想哭，偏要这么来一下没办法控制，这个叫情。这种情绪变化，男女都有。佛家讲这个情就是业力，所以佛经讲到"纯想即飞，纯情即堕"，情多想少的人，堕落就厉害；情少想多的人，就比较升华。这个性情在我们生命关系最重大，但也是与坎离交媾，以及神气两者的关系最重要。这一章我们先讲到这里。

性与情交会

性情交会章第二十四

　　太阳流珠，常欲去人。卒得金华，转而相因。化为白液，凝而至坚。

　　"此章，言木性金情，自相交会，以成伏食之功也。"这一章整个是专讲伏食的。有时候道家的代号东拉西拉很难把握，必须要做一个统计才搞得清楚。本来是说情属于木，木属于肝，所以情也属于肝，肝气不健康的人肝火旺脾气大。中医学原理肺属金，肺气流畅的人脑比较清爽，性情比较开朗，就是呼吸好身体健康，肺气不流畅的人多忧郁内向。现在这里突然一变，"木性金情，自相交会"，木本来属于情属于肝，金属于气属于性，现在却讲"木性金情"，似乎代号用反了，令人迷惑。其实他不是用反了，而是说属"木"的肝气不旺，使性质变了。肺气不健康，元气不够充沛，阳气不够的人，作用也会改变，变成情绪不好。这样就说明两个代号为什么变了，而成为"木性金情"。生命中只有这两个东西，就是神和气；而且两种要自相交会，他两个结了婚，就是坎离交媾，阴阳调和，人也就好了。这就是改变自己内部的生命，叫做伏食之功。

"太阳流珠"，太阳的光明永远放射，流珠是形容它。但是我们眼睛看太阳受不了，只能看到一点点太阳放射的闪动，所以形容为"常欲去人"，它留不住。人这个性情，常使自己打坐修道不能入定，因为心思乱跑。"太阳流珠，常欲去人"，心思乱跑总是离开你，要想念头不乱跑，凝定住一念不生，很不容易，所以道家以铅汞比喻。佛家修法也一样，通常不跟你讲明，在方法上不讲原理。所以学佛的人修天台宗，为什么先要数息、止息？为什么在气上搞呢？调气是假的，留住念头才是真的！这个儿子不乖乱跑，就给他找个好太太，结了婚就会有责任感了，留在家里不再乱跑。道家也是这样，"太阳流珠，常欲去人，卒得金华，转而相因"，这是互相帮忙把他留住了。人的生命内在都向外面乱跑，消耗掉了，要"化为白液，凝而至坚"，化为玉液、玉浆，叫玉液还丹。能够修到真正得到玉液还丹，已经有神仙之份，能祛病延年，人比较健康，慢一点老化。这一节我们先讲到这里，下次再连起来讲，因为这一节最好不要中间切断。

我们研究道家的学术，大家必须对《易经》、阴阳五行、旧的天文常识，大概了解一点，否则听起来很茫然很麻烦。前天一位同学从美国回来送我一张天文图，蓝的，好大，打开看看，都是天上的星星。现在人家经过研究，小孩子都已经训练天文知识了。这张图放在房间，电灯一关，这纸上星星发亮就显出来了，看了真替自己的文化脸红。我们几千年前，本来这个科学是一马当先的，到了现在，看这些点点都不认识，更不用说，能把西方的天文星座配合上中国旧的星座名称了。当然这一部分的工作很困难，一般人都不会，所以讲到中国文化，这是一件痛苦的事，也牵连到今天这个课，我就不晓得如何决定。

气血影响性情

现在回到上次所讲的中篇，性情交会章，转过来就是坎离相交，阴阳相交。

"此卷"，指中篇下卷，这一卷"专言伏食"，伏食就是道家所谓长生不老之药，怎么吃进去。道家伏食是很重要的，如伏一颗丹药，沉下来叫伏食。讲到伏食和御政养性，在道家的分类，伏食是命功，就是保有我们后天的生命，祛病延年使他长存；养性是性功，就是一般学佛所注重的如何明心见性。所以"御政养性，已寓其中"，在这一篇里，御政同养性的功夫就在伏食里。如果真能够做到佛学所谓六根不漏内伏了，自然明心见性，所以养性与御政的道理，自然都包括在内。

由天地日月，坎离相交，变成"人"，这是第二重的投影。在人的生命里，不叫坎离，换一个名称叫性情。性代表知性，一切有觉知的，佛学的名词"见闻觉知"，能见能听，能知觉能感觉，这个是性。

情就是我们后天的喜怒哀乐，种种的欲望，种种的需要等等。性情交会就是坎离相交。"此章，言木性金情"，上次已介绍过，在道家的文化，也就是同医学文化有关的，肝脏属木，肺属金。金木怎么相交？我们晓得肝是管人体生产血液的，肺是管呼吸系统吸进氧气的。以中医道理来讲，是气血两样如何调伏，自相交会。气是气，血是血，两个是不同的系统。如果身体后天的气血调和了，肝气宁静了，妄念不生，而且肺气也静止了，呼吸到达心息相依，甚至到气住脉停，此时"木性金情，自相交会，已成伏食之功也。"这样就有真正生命的把握，这个丹药就得到了伏食，吞进去了。功夫做到这一步，转化自己的生命，返老还童祛病延年就有把握了。这一篇就是讲这个道理。

"太阳流珠，常欲去人。卒得金华，转而相因。化为白液，凝而至坚。"这几句话上次已经讲了一些，现在再加说明。太阳代表我们的神光，就是思想、精神、见闻觉知之性，一般也讲灵魂、灵性，道家用太阳来形容。流珠就是太阳发的光芒，像宝珠一样向外放射。因为它是向外放射的，始终活泼泼的不肯停留，永远不停放射，凝定不住。我们的神光思想，也像太阳的流光一样，不停地放射、消耗。所以佛家称为有漏之因，就漏失了。怎样才能够把神留住，不放射不乱想呢？只有情绪不乱动，才能凝定，才可以结丹。"卒得金华"，金华是道家创造的名称，等于一块黄金放光所发出的光彩。刚才讲金代表肺也代表了气，要想神不散乱，必须把气血凝定。所以佛家天台宗、密宗或者其他的法门，注重先由修气开始，也是有其道理的。

神凝气住就结丹

这个神容易跑，要想留住这个神不散乱很难，要"卒得金华"，把这个气凝住，就是所谓息。修到了息，"转而相因"，就是神气两个合一了。正统道家的上乘丹法，老前辈们传道时，写一个"些"字，意思是"此二"。哪两样呢？道家所谓结丹成道，只有神气二者。什么是道家的功夫？什么是结丹？什么又是真到伏食的境界呢？神凝气住就是结丹，很简单。其他的什么口诀、花样、六耳不同传、点窍等等，都是下乘丹法，其实只要神凝气住就做到了。只要神凝气住这个基础建立起来，尽管后天的生命老了，一口气没有断，仍是有希望的。神凝气住久了，生命重生，一阳来复，那个时候"化为白液"，重新起了作用，"凝而至坚"。所谓化为白液就是要先变成华池神水，我们讲过吕纯阳祖师《百字铭》，那个境界就是说这个道理。这是原文大概的解释，下面朱云阳真人的分类解释更清楚。

"此节，言两物之性情合，而成金丹也。"这节就是讲神气二者如何凝结而成丹，先告诉我们理论。"先天之体为性命，乾坤是也"，先讲大的来源，中国儒道二家也讲先天后天是分开的。在西洋哲学，先天就是形而上，后天就是形而下。实际上，形而上形而下这两句话也是中国文化，孔子在《易经·系传》说，"形而上者谓之道，形而下者谓之器"。宇宙万物没有开始以前那个东西，中国文化没有叫它主宰，也没有叫它上帝，也没有叫它为神，给它一个名号叫做"道"。什么是形而下的后天？就是宇宙万有物质世界，也叫做器世界。"先天之体"，形而上这个道体，宇宙万有那个大的性命就是"乾坤"，就是天地，先天另外一个名称叫性命。

"后天之用为性情，坎离是也"，到了后天的作用，就变成性情，这情字包括很多，七情六欲都在内。性情用《易经》的代号就是坎离两卦，人的性命由投胎到出生，有了这个身体后，大概男性十六岁，女性十四岁，这个乾坤像鸡蛋一样被打破了。

坎离交　回乾坤

"自乾坤破为坎离，性情之用著"，乾坤的阶段接近形而上道体，一个完整的生命，出生后变成婴儿，后天的知识开始以后，乾坤破了，完整的鸡蛋分裂了，《易经》则以坎、离代表。"性情之用著"，性情的作用就是很显著了。"而性命之体隐"，此时自己生命上的"性"和"命"反而搞不清。"顺之则为凡矣"，情欲的冲动就向下流，不能回转来升华，只有向下顺流而去，就是凡夫。凡夫在道家及佛家都是通用的，凡夫就是一个凡人。

"惟坎离复交为乾坤"，我们修道的功夫就是做工，但是做工要有工具，要把生命返回到本位的功能，挽回后天生命，慢点老，慢点死，用什么工具呢？其他道家传的守窍等等，那还是在肉体上搞，没有用。要真知道如何把后天的性情，归到所谓坎离交，才是正途。坎离交了以后身体内部发生乐感，就恢复到青春期，拿医学来讲就是青春腺的作用。可是青春腺一发动就变成欲望向下流走了！所以要把这些回转来，把后天的性情合，坎离交，变回乾坤，变成先天的天地作用。究竟用什么工具呢？就是用自己性情这个作用。性是知觉之性，见闻觉知，灵知之性；情就是七情六欲，是身体内部一股力量。

譬如我们现在坐在这里听课，脑子思想这股力量，这个知觉很清楚就是性的作用。情呢？心理上身体内部的变化，舒服不舒服的感受，都是情的作用。这是不同的两种作用，普通人分不开。有时我们情绪不好要发脾气，或是郁闷看到什么都悲伤难过。但是自己那个性，理性，告诉我们，何苦呢！不需要发脾气，但是却忍耐不住。忍不住就是情的作用，理性没有办法控制这个情的顺流而去。理"性"虽不要这样，但"情"不会听"性"的，不会听你理性指挥的。这股力量大得很，所以他们难以结合，若能结合的话就不得了啦！所以修行人不管学佛或学道，理智晓得要空，谁能够空得了！普通讲修养都晓得要修养到心平气和，但到时却非要发作不可。想要气定，那是书本上理论而已，情一来了，自己什么也做不到。所以道家把"情"画只老虎表示，像吃人似的；把"性"画条龙，表示性无常，变化莫测，有神龙见首不见尾这个作用。道家经常讲要"降龙伏虎"，尤其后世的道家，更注重人类性欲的需要，冲动，形容是猛虎下山！这老虎如果降不住的话，什么都完了。

不要认为性和情这两样东西是坏的，若善加利用，修行还得靠这两个东西才能回转来。"**因性情之用，以还性命之体，逆之则成圣矣**"，利用性情，才能回到先天性命的本体，逆转回去升华，逆之则成圣人，得道的仙人或佛都叫圣人。"**至于后天坎离中，又分体用**"，他为什么那么啰嗦呢？这是生命的科学，一定把理论搞清楚，把定律都要记得，才可以到实验室去实验。不懂理论光去做是不成的，所以他把原理一层一层给我们讲清楚。

配合日月行度修行

后天坎离又分出来第三重，有体有用。什么叫体用？譬如一杯茶，水和茶叶是它的体，等于性与情，把这两种综合拢来就变成茶了。所以坎离内有体有用，体就比较接近形而上了。"**以真阴真阳为体，体属水火**"，体的作用在生命就属于水火的作用，水火就是身上的血液、口水、精液，包括男性的精虫女性的卵子荷尔蒙等都是水。火就是生命的暖流，生命的热力。所以真阴真阳到了后天就属于水火。

"以两弦之气为用，用属金木，不可不辨"，道家理论牵涉很广，阴阳、五行、天文、地理、《易经》，很多固有文化把它兜拢来。上弦是每月阴历的初八、初九，月亮刚刚像弓弦一样平；下弦就是下半个月，二十二、二十三这个阶段。

怎么叫两弦之气呢？这个气最重要，我们普通讲气候，一年有二十四个节气，七十二个候，这个太阳的行度，是太阳的作用。这两弦之气同我们修道有关系，"以两弦之气为用"，是说太阳月亮地球之间有这么一个作用。道家拿这个现象，说明我们身体内部气血形成的法则，同天地的法则一模一样。两弦之气，上半月代表阳气上升，下半月月亮慢慢由圆变缺，代表阳气的下降。这个作用就同我们气血的成长有关系，研究这个就要参考朱文光博士翻译的《生命的神光》。像人的犯罪行为，与情绪作用、月亮的出没、潮汐的涨退都有关系。大部分的人早上起来头昏昏的，上午都没有什么精神，中饭吃过，或午睡或不睡，到了下午三四点以后精神来了，到了晚上夜猫一样不肯睡觉，阴阳颠倒。这个就是金木两气的作用，气血的作用。因此有些修道的人，就与太阳月亮行度的时间配合起来修，认为借用这个宇宙物理的影响进步更快。这个说法有些道理，当然不是完全的道理。所以学佛的人也要知道，佛教讲每个月哪几天要吃素，什么初一、初八、十五等等，为什么这些日子都是以阴历计算？其中有一个阴阳的法则在内。一般只晓得这是菩萨定的，这个菩萨是大科学家，知道某种事在某个节气时，接上这个气就变了，就是这个作用。

第六十四讲

生命中阴遮住阳

刚才讲到人体这个生命，"**以两弦之气为用**"，这个用的现象由哪里来？"**用属金木，不可不辨**"，肺气（金）同肝藏（木），一定要搞清楚。"**乾属太阳真性，本来寂然不动，只因交入坤中一阴，性转为情，遂成离中木汞。**"这个乾就是先天，生命的本来，代号就是"乾卦"，像天体里这个太阳一样，它永远光亮，是太阳的真性。我们的自性本来清净，也就是乾的本性本来寂然不动。这个本性受了交感，什么交感呢？"**坤中一阴**"，这个阳受了坤中一阴的干扰，也就是阳电能受了阴电的干扰。两个一交感起了变化，"性"一转就为"情"，就是后天的情绪，七情六欲。这样一来现在第三重，这个生命"**遂成离中木汞**"，转为离中木汞，就是心脏部分同肝脏部分。

有了后天生命以后，"**自此阴精用事，离光顺流向外，恍惚不定，有流珠之象。**"说了三四层的道理，一层一层把它剥开来说。现在讲到现有的生命都在"**阴精用事**"，没有阳，因为真阳被阴盖住了。佛经也这样讲，把人体的生命称作"五阴"。《心经》上说"照见五蕴皆空"（蕴就是阴），所以要还回纯阳之体，回到本性，明心见性成佛。但是没有修道，就不可能照见五蕴皆空。"**阴精用事，离光顺流向外**"，这个离就代表太阳，代表心光，也就是刚才讲的神光外流。所以，我们这个思想神光永远流散，佛家就叫做有漏之因，都漏失掉放射掉了。因此我们的精神、思想、情绪"**恍惚不定**"，始终不能宁静下来。

《参同契》的原文第一句"**太阳流珠**"也就是这个意思，用了那么多一层一层的道理，把这一句话给我们说明清楚。我们这个元神，如太阳放射的光明一样，永远有"**流珠之象**"，永远向外放射。修道主要把元神的神光收摄回来，凝定住。但是这个神光凝定不住，你收摄不回来。等于男孩，到了少年时期，发疯似的到处乱跑，除非给他讨个太太，有个家把他拴住。人体这个生命的道理也是一样，这是第二层的道理。

"乾既成离，其中一阳，走入坤宫，坤属太阴元命"，这个本性的生命"乾卦"，变成后天的思想神光，"离卦"代表太阳，永远在放射。这个阳能走入坤宫，坤就是阴。拿身体来讲，肚脐以下，大肠小肠这些地方都是坤。"坤属太阴元命"，是生命本能，从下面爆发的。得到上面太阳的光明相照，地球吸收太阳的热能到地心，慢慢又上升培养一个新的生命出来。

一阳回转须小心

所以"既得乾中一阳"，回转来阳气上升了。这是理论，真修道的人，当你刚刚达到阳气充满，上升升不上，下流很容易，所以想回转非常难。如果"命"能回转来，"转作性"，"遂成坎中金铅"。坎属水，像水银，一碰到铅，不流走而凝定下来了。"此点金炁精华，只在坎水中潜藏，杳冥不测，有金华之象。"所以平常这真阳潜在下面坎水中，自己也不觉得。普通人睡醒了，精神够了它就发动，发动以后就流走了，冲动起来变成白虎下山就完了。此时如能回转，不配上后天之情而使之升华，就对了。一般道家所谓这个回转向上，在身体内部起的作用，也与天体上日月的行度流转一样。所以全身十二个经脉，奇经八脉，处处都有感觉在走动，初步是有这个道理。

但是用后天意识故意去引动，或者吸一口气去做气功，把他提过来从后面转到前面东转西转，那是假的，不是真的。有些人说这样打坐也有些益处，我们叫它静态运动，其实是用意识在那里转动。真正道家所讲"一阳来复"是真阳的回转，不是用意识引导，只是跟着看它自己怎样变化。所以不是去加，是不增不减。等到下面这一点发动，这点真气的精华，平常只在北方，下部就是北方，"杳冥不测"，看不见摸不着，无形的，"有金华之象"，来的时候会发光动地。

"离中灵物，刻刻流转，本易走而难捉，捉之愈急，去之愈速。"再回转来将我们这个元神变成思想，脑的意识，"离中灵物"，这一点思想灵光，见闻觉知之性，一分一秒都停不了。这个思想都向外放射，"刻刻流转"，本来很容易漏失掉。"易走而难捉"，所以一般人打坐、修道、学佛想定下来，想把思想念头控制定下来，越控制越糟。"捉之愈急，去之愈速"，你越想抓住，它跑得越快，没有一个思想念头可以抓住。所以你打坐、念佛、修道，想心念静下来却做不到。尽管在这里守窍，守了半天还不是在那里乱想了半天！没有真正专一宁静。所以"离中灵物，刻刻流转"，它的本性像太阳流珠放射不停，你越抓得紧它跑得越快。想念头清净，怎样才能清净？气住了，下面真气发动上来，坎离相交，就像男女两个结合一样，才能清净。

"赖得坎中一点真铅"，全赖坎水，北方的精气发动，"逆转以制之"，不是顺流向下，变成欲念跑掉，而是真正逆转。一旦升华以后念头自然清净，后天的妄念自然没有了。但是我要告诉诸位，有些学佛修道的年轻人，很容易碰到这个境界，但是他觉得那时脑子没有什么思想，也没有什么动心，反而害怕了；因为害怕，脑子又开始灵光起来，思想又来了。可惜这是道理不懂，所以到那时候他也没办法。其实那时正是进入混沌阶段，好像脑子都没得用，因为你虽然很清楚，可就是不习惯。平时我们的思想乱跑乱用习惯了，等到生命这个现象回转来很凝定了，他不晓得这是生命新的结合，是定境，反而认为这是毛病。所以道家有两句话"修道者如牛毛，成道者如麟角"那么少。大家每天学佛修道多热诚，包括我自己在内，我说到现在还没有看到过一个成功的，是难！

汞是念　铅是气

"真汞一见真铅，才不飞走"，那个爱流动的心念，道家的比喻叫"真汞"。所以刚才我们讲正统道家，只有四个字：神凝气住。现在讲坎离交，就是告诉我们如何能神凝气住的法则。这个真汞，自性后天的第三重作用——心念，碰到真铅——真正的元气时，一切内外呼吸都宁静，那个就是佛家的真息。所以数息是那个息，不是呼吸往来之气，道家的真铅讲的也就是这个。一见真铅，念头不动了。换句话说，当气不动时，人的思想念头也不动，两个结合，就给拉住了。等于两个年轻男女互相看对眼了，脚就走不动一样，神就被气牵住了。

"故曰，太阳流珠，常欲去人。卒得金华，转而相因。"这四句话讲了半天，加上我们又说了大半天，把理论讲清楚，就晓得做功夫了。不过我晓得大家听了大半天，太阳流珠还是跑掉了。如果懂得差不多，就可以抓住了。

"铅入汞中，汞赖铅之拘钤，铅亦得汞之变化，两物会入黄房，合成一炁。"刚才我们讲到真气宁静，念头不跑是第一步，学佛的到这个时候差不多可以入定了。但是学佛的人往往不管下面进一步的功夫，所以正统道家讲到功夫，必须要性命双修。讲到修性修命，能达到这一步功夫已经很难，据我经验所知，不管学佛或学道的人，达到这一步的，少之又少，几乎没有见过。有人偶尔有，也是瞎猫撞到死老鼠，偶然一次，不能随时进入这个境界，因为他法则不明，所以功夫到不了。假定到了这一步，有了基础，你想这样定住，像饭熟了把火关了，焖在那里一样。焖久了会不会起物理化学变化呢？一定会的。

刚才解释"转而相因"，他说铅入汞中，这个铅就是后天的元气，此时的元气不呼也不吸，气住神凝，一点杂念也没有就清净了。两个结合定久了，铅入汞中，元气慢慢被元神包围住，就有反过来的变化。因为汞是容易流动的水银，代表思想，"赖铅之拘钤"，铅把它拉住不乱跑了，生命的第二层更大变化来了。"铅亦得汞之变化"，神光把它照住，这个元气又起物理化学的第二层作用。一般人修道都想返老还童，这一步功夫到来就差不多了。元气第二层的变化，是在自己内部升华，这个"神"和"气""会入黄房"，道家譬喻男女二人结婚进入洞房，阴阳结合了。这个结合是气自然入了中宫，打坐到这时身体想弯都不可能，自然挺直了。入中宫就如《易经》坤卦所说的，"黄中通理，正位居体"。

告诉大家一个道理，是我在书上看来的，"人要不老"，就要"腹内不饱"，胃是空的，不要太饱；"若要不死，肠中无屎"，大肠内没有宿便，因胃是空的。但胃一直在消化，如没有食物进去，它仍继续在磨，磨穿了就胃出血。所以这个时候要完全服气，黄中通理，就是胃气充满，就不动了。神气二者归入黄房，到这个阶段可以有资格不食人间烟火了，那不容易的。这个时候真正的神气二者结合，"会入黄房，合成一炁"。

玉液还丹如何吞

进一步的变化如何呢？"其炁先液而后凝"，慢慢又起变化，这个"炁"等于太阳的热能照地球，地球热气上升，碰到冷空气就下雨了。人体内部也一样，所以定久了，气一热立刻上升冲上脑，碰到脑下垂体变成液体，就是长生不老之药，叫玉液还丹。这还不是金液还丹，当然金液还丹要更深一层。有时候你们打坐口水一直涌出来，然后不断咽进去，这个时候咽法不同，要让它自然满了，舌头稍稍向上提一下，它自然会顺流而下，这样念头就不容易散乱，心一乱就坐不好了。所以不要管它，让它自然下来。到了玉液还丹时，皮肤都变细嫩光亮起来。如果你打坐，坐到一片光明也没有什么稀奇，都是内部变化的原故。我们在定境中，自己的元神照住，晓得有一片光明，不要以为是菩萨神光，因为这些都是自己身心上的变化。

所以先液然后凝结，要经过很久的时间，不是一下就行的，也不是咽两下口水就是长生不死。究竟要多久时间呢？不是一两句话就能说清楚的，道理要先懂，每人根器不同，成就的迟早就不同。有些人很容易到达，有些人修了一辈子影子也没有。总而言之，学佛修道你要成功得快，那是与行为道德配在一起的；必须要功德，要善行，做好人做好事，慢慢功德与努力两个配合，就成就得快。同样上学的学生，班上每个同学的成就不一样，也是这个道理。

"故曰，化为白液，凝而至坚"，在人的内部凝结拢叫做"丹"，但不是很坚硬的一块。所谓至坚者，并不是像长个东西那么坚硬。你说有形吗？他无形；无形吗？它有这个作用，这个之间要搞清楚。这个时候"白者金色，至坚者金性也"，会发黄金的颜色，那怎么讲呢？"白者金色"，随时开眼闭眼，内外都在金光闪闪中，内外都是白光金光自然的一片光明。学佛的这样，道家也一样。"至坚者"是形容坚固得很，佛家叫做"金刚"，就是颠扑不破，不会散，不会走掉。"盖金来归性，已结而成丹矣。此通章之纲领也。"

拿学佛的来讲，这是真正得定了，得到二禅三禅的境界。气住脉停以后，修神仙到此只是基础稳固了，所谓丹头一点，这个丹药抓到了，"伏食"了。等于我们饿了把饭吃下去，消化吸收以后变成自己的营养，后面还有功夫要继续做的。

认识阳气上升

《参同契》所讲的炼丹，是讲本身的内丹。我们再三提到，最简单地讲是神与气如何交合、凝结的程序方法，这是个原则。这个修持的过程有许多的名词，代表做功夫的景象、程序。现在我们正讲到这个普通所谓的小周天，他把小周天的原则告诉我们，小周天要把握一个原则，就是月亮的出没。阴历的每月三十天当中，月亮有盈有亏，这个现象说明我们普通人气血精力的生长与消耗。懂了这个法则，把握了这个自然的法则，在自己的意识中控制它，凝结它，就是这么一件事。现在再说明小周天正式的情形，不过有一个麻烦，必须要先把《易经》的象数熟悉一点才比较好办。本来几句话就可以把它带过，因为大家不熟，只好照它的原文解释再加解释。

坎离交媾章第十八—二段起

现在接下去回到《坎离交媾章第十八》原文第二段起：

始于东北，箕斗之乡。旋而右转，呕轮吐萌。潜潭见象，发散精光。昂毕之上，震出为征。阳炁造端，初九潜龙。

阳以三立，阴以八通。三日震动，八日兑行。九二见龙，和平有明。

三五德就，乾体乃成。九三夕惕，亏折神符。盛衰渐革，终还其初。

巽继其统，固济操持。九四或跃，进退道危。

艮主进止，不得逾时。二十三日，典守弦期。九五飞龙，天位加喜。

六五坤承，结括终始。韫养众子，世为类母。上九亢龙，战德于野。

用九翩翩，为道规矩。阳数已讫，讫则复起。推情合性，转而相与。循环璇玑，升降上下。周流六爻，难以察睹。故无常位，为易宗祖。

"始于东北，箕斗之乡"，"箕斗"是天上星座名称。"旋而右转，呕轮吐萌"，这是说天体中地球月亮转动的形态。"潜潭见象，发散精光"，月亮到了阴历的月底沉下去，像一条龙沉到海底去了，然后再慢慢上升发出光明。"昴毕之上"，"昴毕"也是星座的名称，在西南方，"震出为征"，每月的初三，眉毛月出现是震卦的现象。震就是一阳来复，阳气刚刚从下面上升。这是"阳炁造端"，是阳气刚刚开始。"初九潜龙"，初九是《易经》乾卦第一爻。单数最高数是九，双数最高是六。假使九二，就是阳爻第二爻，如果是初六，一定是阴爻第一爻。

这一节也就是我们修道最基本的一个做功夫的现象。这个现象代表我们一个人的生命，在阳气精神刚一发动的时候，如何去稳住它，去把握它，再去增加它培养它，这是修道的第一个要点。第二个道理，讲明白一点大家容易体会，希望诸位不要有男女观念的存在。女性的情况比较容易了解，女性每月的月经过后，阳气上升，此时要把握住宁静，凝神聚气。假使今天月经第一天，七天是一阳来复的周期，这个时候应该身体恢复转回来了，每月都有机会给你把握的。假使回转来的时候能够凝神聚气，那就不同了。凝神聚气就是佛家讲得定，身体立刻可以变化。讲起道理很简单，但是如何认识此时体内真阳之气发动，如何去保守凝神聚气，那太难了！

随时随地都有可能失败的。假定能防止这些失败，真做到了凝神聚气，在道家来讲，的的确确可以做到百日筑基。尤其是女性，如果基础打好了，年纪大的可以返老还童，整个的身体改变很明显，各种病都消失了。

其实男女都一样，每天都有这个机会。这个机会就是小周天的活子时，能够把握就可打好基础。理论上很容易，修起来几乎没有人能成功。因为破坏它的还不是身体上的气脉，也不是外面什么鬼啊、魔啊，都是自己的心念，自己心念的习气。分析心念，必须要了解把握佛家的东西，在我个人经验看起来，如果不了解佛家的道理，怎么去修呢？但是了解佛家心性之学的人，如果搞不清生理方面的自然法则，以及功夫程序，也没有用。这一节就是特别注意这一方面。

卦变引导炼丹

现在看朱云阳祖师的说明，"此节，言艮之一阳，反而为震也。"《参同契》常用《易经》的卦象说明。艮卦跟震卦，是一个卦翻过来成两个现象。艮（☶）代表山，下面两爻是阴，上面一爻是阳。翻过来倒转来一看，成了震卦（☳），一阳在下面，两个阴在上面。"艮"与"震"是相反的。看任何一个卦都要这样看，一本书也要这样看，立场不同，观点就两样。我常说孔子讲得最高明，他之所以成圣人，不能不推崇他，是他讲任何学问都很严肃，唯有研究《易经》他说"玩索而有得焉"。研究《易经》要玩，你要是读死书一样呆板去读，是不可能把《易经》搞通的。

所以这样看是艮卦，反过来看就变成震卦。这个方法就是《易经》所讲的"综卦"，俗话形容一件事的麻烦叫做错综复杂，就是综卦的道理。"错卦"是把卦的阴爻换成阳爻，阳爻换成阴爻。错综复杂也说明天地间没有一个绝对的东西，都是相对的，立场不同观点就不同，现象也就完全两样。提到震卦跟艮卦是"综卦"的关系，就如同我和诸位一样正面反背，你们看我是这个样子，我看你们是那个样子，我们立足点不同，观点一定两样，所以也叫做"反背卦"。错卦是相对卦，也有人把这个综卦叫相对卦，错卦叫反背卦。我们回转来，现在重点不是讲《易经》，因为大家不熟练，只好多浪费一点时间了。

这个里头有个道理我们要了解，所谓阴阳这两气是什么？没有什么，但是我们生命能的变化都是它。这么一变是阳，那么一变就是阴，是变化。所以能够把握变化，这个生命就可以把握了。《易经》里孔子说阴阳之不可测，没有办法去推测或彻底了解。我把孔子这一句话做了注解，就是"能阴能阳者，非阴阳之所能"。阴阳是两个现象，能够使现象发生的最后面的那个东西，叫它是道也可以，叫它上帝也可以，佛也可以，这都是代号。这个能，能阴能阳的能，非阴阳之所能，是阴阳做不到的，因为阴阳是它的变化。等于我们这个手，手是个空洞的名称，实际上是手背手心构拢来。手没有东西，可是这两样东西一反一复有个总体的作用叫做手。所以能阴能阳的不是阴阳之所能。艮、震两卦就取其一阳发动的作用，等于下半月，月亮的光明没有了，这个是艮卦的现象；每月阴历的初三，月亮从天上又出来了，这个亮光就是震卦的现象，其实都是月亮！

上弦下弦的启示

因此他说："人知月至晦日，乃失其明，不知实始于下弦。下弦为艮，后天艮位居东北。于十二辰，当丑寅之间。于二十八宿，当箕斗之度。"道家用那么多符号，叫你去了解天体运行的法则，就是说卦是挂在天体上的八个大现象，太阳、月亮、天、地、雷、风、海洋、山岳。这个现象就是这八个大卦，明显地挂在那里，大家都看得见。实际上只有六个现象，因为我们人是站在这个地上，任何方向上面都有一个天，所以天地这两个现象不管，中间的变化就是六个现象，我们生命的法则也是一样。

一般人知道月亮到了晦日，就是每月阴历月尾，"乃失其明"，没有光明，其实他不知道是下弦开始了。每月的十六加五天到二十一、二十二之间，一半光明渐渐没有了，这个叫"下弦"。上弦是月上面一半黑下面白。下弦相反，下弦这个现象，代表的卦象是艮卦。我们自己不要落伍啊！现在你到欧美，人家《易经》比我们研究得好，他们能够跟你谈《易经》，可能你们都答不出来。六十四卦他们都记得，不过是编号的，第一卦第二卦第三卦，他们用漫画的图案表达。譬如说艮卦，一道亮光从下面黑处出现，整个大地好像是黑暗中间上面有点亮光，一看就晓得是艮卦。

这个方法我觉得非常好，因为本来《易经》八卦就是我们上古老祖宗的漫画，代表文字的开始。现在西方就用这个图案画来表示，一看就懂了，有时候画得真是很精致。他们理解得非常到位，懂得很深，画得比这些卦还好得多。

现在再讲到每个月的月底，月亮的光明完全消失了，其实这个光明，在每月的十六到二十一之间已经一点一点的在沉没。等于我们的精神早晨起来很好，上午精神非常健旺，实际上你的精神已经在开始慢慢消失。小孩子生下来长到十一二岁，我们老头子一看，这个小孩子可爱，实际上他跟刚生下来的时候相比，已经老得多了！他的生命已经慢慢在消失了。生命的作用也像月亮的光明一样，不是到了三十晚上才知道没有光的，是下弦就开始的。下弦这个现象在《易经》是"艮卦"，以我们中国的地面来讲，艮卦在正东北这个方位，这是以空间地面来讲。

拿时间来讲，古人一天是十二个时辰，我们现在讲二十四个钟头，两个小时是一个时辰。十二个时辰也代表了一年十二个月。"**当丑寅之间**"，中国人老祖宗用"子丑寅卯辰巳午未申酉戌亥"表达十二个时辰、十二个月及十二年，这个大家都知道。到了汉代以后，印度文化进来了，拿动物来做代表。所谓子是老鼠，丑是牛，人都变成动物了。所以你是哪一年生的啊？记不得，你属什么？我属猪，就晓得是亥年生的。

古人吃饱了没有事，什么都会想，这个想象的也是另一套理论科学。在地球上以接近磁场为标准，子是正北方，丑是靠东北的。寅在东北角上，天快要亮了。卯时太阳出来跳到海面上，都晓得"日出卯"。我们小时候，手表太名贵还用不起，自然的手表就看猫的眼睛，到了中午，猫的眼睛就变成一条线了，到了下午又不同了。修道的人，自己鼻子呼吸，宁静下来就知道时辰了，因为鼻子呼吸时，两鼻孔的力量是不同的。

月亮每月下去是在"**丑寅之间**"，在东北方面沉没了。中国上古的天文，二十八宿是二十八个星座。一年十二个月天体那么转动，每天太阳下去时，出现的星座不同，这个是经验总结，一看太阳下去在哪个星座，就晓得方位，就晓得时令了。所谓二十八宿就是这个意思。月亮每月下沉，"**于二十八宿当箕斗之度**"，箕斗就是北方，在北斗七星之间。这个我们必须向诸位年轻的同学大致解释一下，详细的这个里头东西很多。

天道顺行　地气逆行

"**盖天道左旋主顺行**"，天道左旋就是太阳东边上来西边下去，所以天道左旋是顺行，"顺起于子中"，都是以北方由子位开始，立一个标杆顺转。

"地炁右转主逆行"，地炁不一定讲地球，地有地炁，太阳放射出去，月亮、地球都在吸收放射。"地炁右转主逆行"，倒转来以北方为中心，"逆起于丑寅之间"。我们中国人喜欢南面而称王，面对南方就是跟地球磁场相配合。所以中国帝王的宫殿一定坐北向南，这个我也给大家讲过。诸位坐在这里，你以自己坐向为标准，背向右手转过来，就是"逆起于丑寅之间"。这就告诉我们一反一顺天体的道理，这个先要把握住。

"欲知天道主顺"，左转的叫顺行，"当以一岁次序观之"，这一年的程序，太阳一天走一度，所以一年三百六十五度多一点。"一岁之序，自北而东"，一年以四季来讲，由冬季的北方，慢慢转到东方春天。"以讫于南"，再转到南方夏天。到了五月下半夏至一阴生，天气最热的时候，这个阳气开始收藏，阴气又来了。"自南而西"，再转到西边秋天，"以讫于北"，最后又转到北方变成冬天。

"从子到丑，从丑到寅，出乎震而成乎艮，后天顺行之五行也。"这一段是说天体的运行。简单地说，阴阳五行、天文、星象、历数，各是一套学问，这几套兜拢来都是《易经》系统这个法则。五行是金木水火土，这五个代号有两个现象，正反相生相对，相生的中间就有相克，有这样成长就有这样的灭亡。这几套学问发展成中国理论科学，与渔猎、畜牧、农业、水利、航海，统统都有关系。随便买一本中国天文史看看，你就晓得老祖宗的伟大，同时也能了解他们对于物理科学的了解有多深。所以到明朝郑和下南洋时，什么航海气象都没有，只拿一个罗盘就在海面上走。西方人看到还很稀奇，中国人怎么会知道自己到了哪里了？离开自己的国家多远了？这都是从我们自己这一套学问来的，这一套东西包含的太多了。

　　真正的道家，拿学理来讲，做功夫很简单，好像你打坐就会了。但是人这个身体很复杂，精气神更复杂，所以必须要了解学理，这样丹道的修行就好办啦！当然做起功夫来，这一套学问都要丢掉的，不需要。那么我们为什么又要懂呢？你在用功的过程中，身体心理的变化到了某一境界，某一现象出来的时候，你如果懂学理，就没有问题，就晓得原因，知道对治；否则就像武侠小说上说的走火入魔。其实也没有火也没有魔，是你的观念不清楚就搞错啦！

第六十六讲

纳甲的法则

"欲知地炁主逆"，这个地球，也就是我们身体，本身是逆行的，是倒转来走的。"当以一月纳甲征之"，纳甲又是一个名称了，甲代表天干，在我们旧的天文物理、地球物理，又产生一套学问叫做纳甲。所以又要介绍一下了，为了让年轻人对自己的文化有一点基础知识。天干有十位，甲乙丙丁戊己庚辛壬癸；地支有十二位，子丑寅卯辰巳午未申酉戌亥。天干代表太阳系统天体的干扰，也就是太阳放射能同地球的关系。地支代表月亮跟地球关系的放射，这是一收一放之间。像明年（一九八四）甲子年，是下元甲子的开始，一九二四年是中元甲子开始，一八六四是上元甲子开始。中国人过去说的预言，像推算民族国家命运的，都是根据这一套法则来算的。像甲子、乙丑、丙寅、丁卯……是十天干跟十二地支相配，一个周期叫六十花甲。干支阳配阳，阴配阴，所以有甲子没有甲丑，只有乙丑；有丙寅，没有丙卯。一个人过了六十岁，已经过了六十花甲了，这是纳甲的一种方法。

这些作用又归成一个五行"金木水火土"，譬如亥与子是属于水等等。听起来很麻烦，记熟了就非常方便，老祖宗文化到了最高处，归纳起来成最简单的东西。纳甲的意思大概讲了。

"纳甲之运"，运就是运转。这个转动"子当右转，却行以至于未申"，倒转来走，却行到了未申，到西方了。"自北转西，自西转南，是为上弦之炁"，再由西转南，这是讲月亮出没的现象。"其象为得朋"，得朋是《易经》上的话，意思是得到同类。

从元明以后，伍柳派的修道特别注重这个，不是没有道理。人体的生命是从下面发动的，向上走精神就旺盛。人体下面是子，头顶是午。所以人睡醒了，精神就一节一节上升，到午就是阳极。阳极则阴生，又下降了，就是一升一降。人体有形的就是背脊骨所谓的督脉，我们人体有十二经脉，中医也用这个阴阳分类法则，叫做"六阴六阳"。譬如你肝有病，那是一个现象，肝属于木，讲五行的生克，水生木，因肾水亏了，元气不够，造成精气不足，肝呈病象，所以治疗的方法是增强肾水的功能。

逆流而上的修行

过去的老辈子中医，肝有病不一定治肝，肝病是个现象，病源出在哪里，要在那个源头下药。这个办法是从十二经脉去认识，一年有十二个月，身体十二经脉同这个天体是一样的。十二经脉以外，我们这个身体上另外还有奇经八脉，不属于十二经脉范围以内。伍柳派认为，阳气发生用意识去导引，由督脉把它运转到顶，然后再从前面任脉转下来一圈，这个叫转河车。修道的是效法太阳的行度逆行，倒转来走，逆者成仙，顺就变凡夫。这怎么说呢？我们普通人下面阳气一发动，性的观念就来了，男女性的要求，顺流下走而去，就把阳气浪费掉了。修道要把它逆流而上，也是有道理的，不是完全没有道理。

阳气由下上升，从督脉向上走一点没有错，能够走到顶还精补脑，长生不老都没有错，但不是用意识导引，不需要的！生命本来就是这样，顺其自然。所以老子说"道法自然"，加上意识去做，反而是妨碍它。

懂了这个现象，我们这个身体生命也是一样，气到了顶时，"午乃东旋"，一年之中阳到极点时就夏至一阴生了。"逆行以至于寅丑，自南转东，自东转北，是为下弦之魄，其象为丧朋"，下半月的现象，因为我们身体阳气向下降，人就想睡觉了，脑子阳气也不够了，血液慢慢沉下来就是"下弦之炁"。这个现象，当血液沉下来的时候，睡眠最重要。西医也讲，休息最重要。所以肯学佛修道当然会健康长寿，打坐虽然没有睡着，也是在休息嘛！所以这时天地之象要休息，因为人的精神下降了。

"两弦交会"，收视返听，阳跟阴在交。修道的原则很简单，方法就是眼睛不看前面，耳朵不向外听，不管是休息还是不休息，人能够永远在这种状态之下，像动物的冬眠，虽然还没有睡着，那样坐着就是修了。我说这是世界上最享受的啊！所以年轻人来学佛修道，玩这个干什么！偷懒！好好做事吧。你真要修，我说可以啊，把世界上的一切丢掉，专修！又做不到！既然做不到，何必脚踏两只船？所以永远走不通的，不可能！

小周天与月亮

现在讲到午时下沉的现象，两弦交会，阴阳二气交会。"正当晦朔中间"，就是阴历的月底月初。"剥在艮而复在震"，剥卦上面三爻是艮卦，下面三爻是坤卦，坤代表地，艮代表山，合起来叫"山地剥"。什么叫剥呢？剥香蕉皮一样剥完了。剥卦五爻都是阴，只有上面硕果仅存这一爻阳，阳能已经给阴气剥削得要完了，只剩了一点。像我们这些老头子，白发苍苍快要剥光了。剥光以后就变了，另来一个生命叫坤卦，属土了。刚生下来的婴儿是剥卦反转的复卦，复卦是好的。复卦上面三爻是坤卦，坤为地，下面三爻是震卦，震为雷，合起来叫"地雷复"。

"剥在艮而复在震"，譬如拿自然的现象说"中午复"，现在中国人有习惯睡午觉，古人没有，因古人怕挨孔子的骂。在《论语》

116

中，宰予昼寝被孔子骂了一顿，后来读书人就不敢睡午觉了。所以曾国藩工作那么忙也不敢午睡，他的办法是晚饭以后睡一下，夜里就有精神办事，可以工作到天亮。现在我们推翻孔子有个好处，可以睡午觉，不过外国同学在这里很少睡午觉。"剥在艮"，中午以后阳退了精神自然下降，有些人不一样，所以也不是呆定的。"先天逆用之五行也"，精神又会成长又会下降，与自然相反。

讲了半天这些原理，现在他教我们怎么样修道。"金丹之道，全用先天纳甲，与天上太阴同体"，修道运用这个纳甲之理，归纳起来简单明了。我们身体内部的变化，"与天上太阴同体"，小周天是要配合月亮的现象，一个月三十天，这个法则要把握住。怎么说呢？"太阴真水生于午"，不是生于"子"，阴极了的太阴真水，叫"华池神水"，是道家的名称，就是西王母那里有个池，喝了那个水就不死。这是假托的神话，是说华池神水这一点是生命的根本。有些武侠小说就写成"太乙真精"。这些水下来不得了，厉害得很，生命根本都被它变化了。

水如何生于火

我年轻时看道书，不晓得多着迷！但是很气这些神仙，可恶啊！为什么不讲真话？又是"太阴真水生于午"，午是南方是火位，怎么会生水呢？"自十六一阴之巽，至廿三二阴之艮，阴来剥阳，仅存硕果"，他说这个现象，自阴历十六以后是巽卦。巽二爻是阳，下面一阴初生，这个巽卦的现象，等于说十六、十七的月亮。所以李后主的词，"无言独上西楼，月如钩，寂寞梧桐，深院锁清秋"是写上半月的月亮，月如钩。巽卦的现象一阴初生，所以到"廿三二阴"，二阴就是艮卦的现象，是"阴来剥阳，仅存硕果"。你看，我们读道书要想学神仙，又学《易经》、学五行，都为了学道。这一句终于把它摸懂了，懂了半天，他还是没有讲实话。又说，"金丹之道，全用先天纳甲"，好啦，才露出一点又把它捻熄了。"与天上太阴同体，太阴真水生于午"，这句已经使人怀疑了，下面希望他讲一点老实话我们听听不行吗？他又扯开了，同我说话一样，东一下西一下。

"自十六一阴之巽，至廿三二阴之艮，阴来剥阳，仅存硕果"，这是讲什么呢？你们年轻人不懂，干脆给你们讲了吧！虽然讲了叫做泄漏天机，也不管啦。这"太阴真水生于午"就是讲，下面阳气冲上来阳到了极点，阳极就阴生，所以精神不够了就要睡，阴生就是"太阴真水"，是脑下垂体的荷尔蒙，那是"真水生于午"的道理。所以打坐有口水，虽然不是太阴的真水，是假水，假水也了不起！但是真的玉液还丹是你阳气冲到脑，就是佛家讲头顶发清凉、得轻安降下的甘露水，佛家也叫做醍醐灌顶。阳气发动，阳极阴生变成太阴，地气闷极了上升碰到冷空气，结合变雨下来。

"又自东转北，正值丑寅之交，箕水斗木，二宿度上，旋入乙癸，艮之一阳尽丧而为坤。""箕"是北方星座的名字；"水"是五行北方属水；"斗"是春天北斗七星早晨转过来了；"木"是在东方。"二宿度上"是指斗木二宿在经纬度的行度上面，"旋入"转到"乙癸"。罗盘上面转的都是这些字，是代号，你懂了就会看罗盘。乙癸艮等等，在罗盘上看风水，把它变个名称叫做"二十四山"，山也是代号，等于一年二十四个节气。所以"旋入乙癸，艮之一阳尽丧而为坤"，上面下降了以后，阳气又第二重地上升。在阳气没有上升以前，都是阴，为坤，那个境界什么念头都没有，昏昏沉沉的一样，庄子叫做混沌，经过这个境界就好了。

阴阳天天轮转

有时候你们用功静坐反而没有精神，修道难啊！我劝你们不要修，年轻人搞这一套我都反对。有同学问我，老师啊，你不是十几岁就修起来了吗？你怎么反对我们呢？就是因为我十几岁开始，我深知其中之艰苦，所以我才劝你们不要修。你们玩这一套学不成佛，人也做不好，结果呢，神里神经的有什么好处？规规矩矩走一个孔孟之道，人道修好，天道也完成了，做好人做好事，多好！何必搞这个呢？你要修这个，告诉你，到时昏头涨脑的，你一点办法都没有。像我一度有一个长时间，我觉得快要死了，一点精神都没有，一张纸都拿不住！好在我不在乎，万事不管，天大的事我都一笑大睡一番。我的气魄大，准备躺下去就死了，这一生修不成功，再看看死了以后什么样子，来生再试。虽然好像气魄很大，我也晓得一句话，老子说"反者道之动，弱者道之用"，阳极阴生有这个现象，而且必须要经过。没有经过就没有得，这是天地间自然又必然的法则。

其实我们普通人，每一秒每一个时候都有这个现象，每天都有，但你不懂。弱者道之用，要知道应用。佛家讲老僧垂垂入定，古人这个形容词就用得好，垂垂，这个人就这样挂下来，一点力气都没有。葡萄长熟了，一大串葡萄太重了，树枝都垂下来，那是垂垂入定之相。这是阴极，是剥极了再剥，像剥卦的现象，阴到极点就会阳生。可是人都怕剥极的境界，所以老朋友们修道经常讲："我实在是不行了！"不行就准备死嘛！我给你写挽联，这不是很简单嘛！所以生死看得开才能够修道，你生死都看不开，还能拿生命来实验这个东西吗？

老实讲，我劝你们年轻人不要修，我今天是讲学理，我研究了几十年，理论上我绝对承认有这件事情，不一定说是我做到了，也不一定诸位做得到。这个原理是对的，用这个原理来修持能不能成功，等于岳飞讲用兵一样，运用之妙存乎一心。

　　"在吾身为神入炁中，万化归根，即所云午乃东旋，东北丧朋之象也。"神没有了，太阳下山了，太阳被地球遮住了，被阴的一面盖住了。我们人，那个时候神入气中，气不一定在肚脐下面，而是整个的沉落下去。"神入炁中，万化归根"，这一句话是引用老子的："夫物芸芸，各复归其根，归根曰静，静曰复命"。复命就是恢复你那个生命的本来。我们再加一句，注解这个现象，老子说"绵绵若存"，好像自己什么都没有了，可是没有睡着也没有死亡，好像又知道，就是若存若亡。那么这个时候的境界呢？孟子有修道经验，他说"心勿忘，勿助长也"，千万不要帮忙，不要去导引，也不要完全密封住，而是勿助勿忘。小说《红楼梦》中，贾宝玉那块石头上刻有这八个字："莫失莫忘，仙寿恒昌"，也是讲这个绵绵若存、勿助勿忘的道理。

阳如何发生

《参同契》现在讲的重点，还是在普通修道说的"活子时"，这是一个俗语。这个子时代表了我们身体上一阳来复，以及阳气是怎么发生的。现在都是讲理论，但是理论懂得了，所谓功夫方法就在里面。道理就是一个原则，"阴极阳生"。怎么样是阴极呢？再明白一点讲，就是静极。但"静极则动"，做功夫真静到极点时，也有很多说法形容，譬如说"六根大定"，在原理上的名称就叫做"阴极"，阴极了，阳自然会发生。最大的阴极是我们的生死，生命有生有死，死了就是阴极。阴极并不是这个生命完了，而是重新再转来，那个是阳生，这就是佛家所谓轮回的道理。小规律的阴极阳生，就是睡眠休息，静极了再醒转来。把这些现象了解了，阴极阳生的用功道理也就自然懂了。

"此时阴极阳生，太阳真火，即生于子"，这个时候阴极阳生，太阳真火光明的现象，动的现象，生于"子"。"天开于子，地辟于丑，人生于寅"，现在说静极了阳动，太阳真火就发生了。

"盖阳无剥尽之理，日月撑持，正在北方虚危之地。交会既毕，渐渐自北转西，月魄到此，微露阳光，谓之旋而右转。"他讲这个"剥尽之理"，理论上好像同修道做功夫没有关系，实际上懂得这个理论，你才能放心去做功夫，当碰到一个境界时，自己才明白道理。山地剥卦，没有剥尽的道理，宇宙间的力量是相对的，快到完了时，相反的力量就来了。实际上也就是力学的道理，向心力集中了，离心力就发生了，这个生命的道理同物理是一样的。

譬如说我们打坐，这是修道的第一步。不管守窍也好，听呼吸也好，随便用什么方法，很少有人能真达到阴极，没有达到"归根曰静，静曰复命"，没有归根过。假定有人修道到达这个境界，那是真正的有一点像庄子的话"混沌"。这个时候所谓六根大定，六根完全关闭了，花一样合拢来，人自己也忘了。禅宗形容就像老母鸡抱蛋一样，道家形容如醉如痴。这个静到极点是阴极，这个时候真阳才来，就是那个静的活子时才来。你注意这个话，平常我们也有活子时，疲劳到极点，或者生病衰弱到极点，有一天病好了，精神突然来了，那个也是活子时。但是你把握不住，因为自己不认得。

这个阳剥尽到了阴极，等于每月的月尾会"日月撢持"，月亮看不见，被地球在日月之间隔住了。道家不管这个，只讲这个时候"日月撢持"，月亮跟太阳合璧，中间与地球合在一条线，所以看不到光明，完全黑暗了。到了月尾的时候"正在北方虚危之地"，月尾的早晨看到月亮在北方落下，是偏于东北。什么叫"虚危之地"呢？"虚"同"危"是天体上两个北方的星座，代表了北方。在我们的身体，虚危代表的就是海底，是会阴这个地方。头顶算是南方，这个要搞清楚的。所以他说到了阴极的时候，"日月撢持，正在北方虚危之地"，什么都没有。北方虚危代表了黑暗，糊里糊涂，完全黑暗也就是代表静极。静到极点也代表阴极，在方位上是指北方。"虚危之地"等于大家打坐时，有人觉得冷，因身体内部有病，寒气重，多坐一下就发热了，这就是阴极阳生。

"交会既毕"，等到月尾太阳月亮，阳跟阴在北方交会交和，"渐渐"，慢慢地"自北转西"。假定把这个地球当成平面，到了每月月尾二十八起五天，转过西南，到西边来了。"月魄到此，微露阳光"，阴历每月初三晚上，在西方看到月亮出来了，是眉毛月。天体这个现象"谓之旋而右转"，旋过来右转，顺转转过来西方这一边出来，每月如此。所以《参同契》魏伯阳真人的原文就是一句话，叫做"呕轮吐萌"，现在解释了半天，就是解释这一句话。说每月初三的月亮，等于一个东西把它吞到肚子里，慢慢又把它吐出来，呕出来了。月亮像一个轮子，"吐萌"，刚刚吐出来，一点点在萌芽。

历法与正朔

说到天体，有两个东西修道要懂，一个是太阳，一个是太阴。讲到这里，我们也常常说明，中华民国在推翻清朝之后改用阳历，这个事情在历史上叫做换了正朔。古代这个名称很严重，前朝的老臣不投降，不投降叫什么？"不奉正朔"，因为每个朝代都要变更年号、国号。不愿意投降就是不用你的国号，不用你的年号。譬如古人陶渊明，他作诗作文素来没有记年号，只记干支甲子乙丑之类。为什么陶渊明这样？他表示不奉正朔，因为陶渊明是晋朝人，他不肯为五斗米折腰。那时是南北朝宋齐梁开始的宋代，叫刘宋，皇帝叫刘裕，种田出身。说到刘裕，当了皇帝以后，皇宫里有一间密室，里头摆了一张木头钉的破床，还有种田的斗笠、蓑衣、锄头，他不忘本。他虽当皇帝，有时心里烦起来，就打开那个房间进去，算不定在里头闭关，两三天再出来。近代有一位画家溥儒先生，他是满洲人，跟宣统是皇族的兄弟，所以他作的诗画没有写中华民国年号，也是写甲子、丙寅等干支纪年。

我们现在改用阳历，从文化立场来讲，我始终不以为然，这个是奉了洋人的正朔。四海一家可以，但是正朔是一个国家民族的系统，你们年轻人要懂得这个道理。我们几千年来是阴阳合历的，二十四个节气用的是阳历，是用太阳行度计算的。但是我们算月份呢，这就是中国这个天文同历法的科学了，海水涨落农忙季节是用阴历。

124

这种物理的现象同天体的关系，与身体内部的变化一样。老年人生病有时候就过不了节气，过了这个节就过一个关。有时硬过不了节，管你氧气什么气来救都没有办法，我们身体上就有这个作用。再譬如，学过解剖学就知道，我们脑神经有十二对，像雷达一样，全部齐向外面，同宇宙间这个电感通。所以你打坐修道，懂了这些非常有帮助，这就是一个科学，人体本身内部也是个科学。

你会昏沉吗

他说这个时候，"一点真火，隐然沉在北海中，谓之潜潭见象，发散精光。"他说当我们打坐修道，真正定下去静到了极点时，什么都不知道了。有些学佛的人认为这就是昏沉！学佛修定最怕昏沉，道家跟佛家的差别就在这个地方。道家说不怕你昏沉，你还做不到昏沉呢！打坐做功夫，坐到了昏沉再说啊。你能不能坐在那里睡觉？你睡不着，因为还有两条腿，腿发麻了赶快下座，你才昏沉不了呢！有学佛的说，那个不是真的空，那是顽空，顽就是冥顽不灵，就是糊里糊涂。我就告诉那些学佛的朋友，管他真空也好，顽空也好，你来一下再说吧。到达了顽空，你说这个我不要才算本事。你顽空都没有达到，还怕自己顽空！就像很多人说自己不求财，如果你赚了几亿硬不要，那还可以吹吹。

"潜潭见象，发散精光"，就是阳气下沉的现象。有些道书上讲的不同，把这个现象叫做"天入地中"。所以有一派打起坐来把头弯到肚子里去，以为这叫做"潜潭见象，发散精光"。

实际上这一派道家的法门，是从佛家白骨观来的，前面已经说过。白骨观修到某一步，叫你观想这个头没有了，头放在腹腔里，有意把它沉下去。不过真正要做到"潜潭见象，发散精光"的观想，或者思想把天入地中，也做不到。如果做到了静极，阴极了，忘记了头，忘记了感受，沉下来，这一沉下来不晓得会多久。真到那个境界，算不定七天都不动的！所以修道做功夫需要人护法，也叫做道侣道伴，要有个内行人在旁边招呼才行。所谓招呼，是天气变凉了拿衣被轻轻给他盖着，当然鼻子通气的地方都给他露出来，让他自然，算不定七天、二十一天，或半个钟头、一个时辰他就转过来了。转过来就很严重了，因为真阳来了，阳气上升，"发散精光"就出来了。

这同每月的现象一样，"迫精光渐渐逼露，一日二日以至三日"，就是阴历的初一初二初三。"正值未申之交，昴日毕月，二宿度上，庚方之上"，这里要注意啊！这是中原地区的文化，唐代就叫中华，古代历史上称中州。《易经》《河洛理数》都在中州，以开封洛阳这一带为标准。假使云南或东南亚的人来看这个书，会感觉古人很不科学。所以现在给大家声明，这个《易经》所讲的天文现象，是以中州文化为标准的。

天体变化影响人

每个月初三的时候，"正值未申之交"，"未"就是下午一点至三点，"申"是下午三点到五点。因季节不同而略有偏差。这个季节的道理，是站在中国这个地面仰头看。假使用天文望远镜，它讲得很准确，到了下午的四五点钟，每月阴历初三，月亮已经在西面出现了，但是我们看不见，因为太阳没有下去，亮度给它掩没了。实际上那个时候已经在"昴日毕月，二宿度上"，"昴"同"毕"是西方星座的名称，月亮在这两个星宿之间。"庚方之上"，庚方是西方稍稍偏西南一点。"昏见一钩"，就是黄昏傍晚时，西南方才出

126

现一点，"如仰盂之状"，仰盂就是震卦，这就是代表这月亮刚刚出来，所谓月如钩的一个现象。

"坤中一阳才出而为震"，《易经》的道理是阴极叫"坤"，北方叫坤。阴极了阳生，每月初三"一阳才出"，在人体就是活子时。懂了天体这个现象，你自己身体的变化、心理的变化，及功夫气血的流行，才会知道。一切都是心理自然现象和生理自然的变化。

现在他回转来讲生理，"在身中为铅鼎初温，药苗新嫩，即所云，子当右转，西南得朋之象也。"铅代表气，这个时候静到极点，气的呼吸好像停止了。鼎是炉鼎，我们本身就是炉鼎，身体就是个化学的锅炉，这个锅炉里"初温"，重新发暖，这个才是密宗的真拙火来了。"铅鼎初温"，阳光重新来了。

有一本道家的书很重要，就是崔真人写的《入药镜》。我们自己生命有长生不老之药，不是高丽参，不是补药，也不是多种维他命，是自己这一点阳气发动，就是"药苗新嫩"。"子当右转，西南得朋之象"，这个叫活子时。所以说伍柳派的活子时说，睡醒阳举叫做活子时，是有一点相像，是对的。但是不可着相，变成一天到晚搞阳举了，那是没有用的。这个阴极阳生的现象是真阳来的，是在刚一醒，将发动未发动之间，这个时候把握住，才是真正的药，长生不老之药。等到变成阳举时，这个幼苗已经老了，老阳就不可取了，采了也没有用。那你说没有用就把它舍掉，舍掉更糟糕！虽然老了，老姜养一养还是蛮好的。

我说参同契

静极的现象

刚才讲到"西南得朋"，这句话来自《易经》坤卦的初爻卦辞，坤卦最后是"东北丧朋"。所以有些人卜卦、算命，出门向西南走好，西南就得朋，向东北走就丧朋，不吉利。但是据我个人研究《易经》的结果——先声明我是靠不住的！从秦始皇以后，《易经》上这个字印错了，古人这个字刻在竹片上，是西南得"明"，东北丧"明"，完全是讲月亮的现象。竹简东搬西搬，日久破损，"明"变成朋字了，我以前跟诸位也介绍过。

"阳炁虽然发生，但造端托始，火力尚微，正应乾卦初九潜龙之象。到此，只宜温养子珠，不得遽用猛火"，这个完全是讲做功夫。诸位修道家的特别注意！两个名称："子午温养"，"卯酉沐浴"，尤其伍柳派很流行这一种话。现在正统的道家告诉我们什么叫"子午温养"，"卯酉沐浴"。其实方法就在这理论里面，当我们静极了回转来的时候，身体是会有现象出现的。

我们现在不讲这个书上的话，先告诉诸位，有些人静极了忽然振动一下，那是阳生的兆头，萌芽的现象。你说一身都摇摆起来，自己做不了主，既然知道自己在摇，怎么做不了主？有些人说，哎呀着魔了！我控制不了。什么着魔了？自己怎么控制不了？不摇就是了嘛！你不理它就是，充其量不打坐了。这些都是阳生，还有静极阳生，忽然看到光了，闭着眼睛一片光明，也是阳气初来的现象。但是都是兆头初萌，你要不稀奇它才对。自己真阳真来时，力量很大，有时打坐坐得好时，手上先发暖了，有些人是脚，有些人屁股发热了，有些人下部发快感了，虽现象不同，但都是阳气恢复的现象。因为各人生理不同禀赋不同，健康的状况也不同，再加上年龄、经历、思想都不同，反应也就不同了。

所以阳气随时可以发动，如果把握得住，的确可以祛病延年，长生不老。我有一个老朋友，现在在美国，七十多岁了，看起来像四十多岁的人。他武功好，道家功夫好，每天都要写万把字的文章，天天如此，忙生活还要练功，他的确有一套长生不老的功夫。他是杜心武的入门弟子。杜心武是清末民初的人物，武功第一，学道家学武的人都知道，人称杜大侠，这个人是很不容易见到的。

潜龙勿用

这里讲"阳炁虽然发生，但造端托始"，中国文化里，人的开始就是人之初，"托始"是说宇宙生命的精神，必须要寄托在一个物质上才能发生作用。换句话说，道家所讲的心物，表面上看是一个二元的宇宙，身跟心分开，精神跟物质分开，实际上它两个是一体。所以老子说，"此二者同出而异名"，同一个体但作用不同。它一旦发动，就会一部分变精神，一部分变物质。等于我们点蜡烛，蜡烛放光同时也冒黑烟，黑烟部分变成物质，亮光部分变成精神生命，实际上是由一个蜡烛放出来的。所以《老子》开头一章就告诉我们，"此二者同出而异名"。后来老子讲"有物混成，先天地生"，它要起作用，精神这个东西起作用必须靠物质，心与物是一。所以道家说，修神仙要如何才能成丹呢？精神跟物质生命的力量结合在一起，这就叫做阴阳配合，才能成丹。

阳气刚刚发动的时候还不行，这个时候是"造端托始，火力尚微"，这个暖力还很微弱。拿《易经》的道理来说，就是乾卦的初爻"初九潜龙勿用"。又扯到《易经》来了，所以我说，天下文章作得最好的是《易经》。"潜龙勿用"是周文王写的呢，还是周文

131

王的儿子周公写的呢？不知道！很难研究清楚。可是潜龙勿用这个"勿"字，用得太好了。以前我曾答应把《易经》翻成白话，一开始我就晓得上当了，《易经》本来就是白话，叫我怎么翻？

尤其这个"勿用"叫我怎么翻？你要翻成"不用"，不可以用，就不准。勿并不是不，"不"是否定的，而勿是很活动的，用而不用叫做勿用。翻成白话就把意思翻死了，它是活的字，如果翻成"潜龙不用"，就不是勿用的道理了。潜龙勿用的意思等于钱放在口袋，它的使用价值是无价的，一旦用掉价值就定了。也等于说，女同学没嫁人，男同学没有讨老婆，价值无比，你只要一结婚，价值就定了。现在他说阳气刚刚发动，正是"乾卦初九潜龙之象"。

闭关温养

所以你懂了这个意思，用功到了阴极阳生时，不要看到光被吓住了，然后跑来叫老师呀，我今天功夫做得很好很有心得，一片光明！可是现在不打坐，没有了。当然嘛！已经用完了嘛！潜龙勿用这个时候，要稳，要闷住，像广东人做焖锅饭一样焖住。为什么修道要闭关呢？碰到这个境界非闭关断绝外缘不可。闭关是佛家的话，道家叫做"入圜办道"，办道就是修道。闭关这个话也出在《易经》上，是佛家借用的。

我们提到过的《易经》的复卦，"先王以至日闭关"。一年只有两个至日，冬至和夏至，一阳初生叫冬至，一阴初生叫夏至，也叫做长至日。夏至那一天白天最长，过了这一天，慢慢白天缩短了；冬至那一天白天最短，过了冬至，白天慢慢放长了。"先王以至日闭关"，就是说中国传统的文化，老祖宗们懂得在至日闭关。什么叫闭关呢？斋戒、沐浴、清净、万缘放下，什么都不理，这也就是温养了，就好像婴儿刚刚生下来，放在温室里保养。这个时候阳气一来，只宜温养之，这就叫做子午温养，像培养幼苗、婴儿一样。怎么培养？不增不减，顺其自然。

孟子讲"养吾浩然之气"，不可揠苗助长，不能帮助它，帮助就不是温养了。一个乡下人种稻子，天天看，看不出稻子长高，他就用手拔一下，长高了，稻子也死了，这就叫揠苗助长。许多人做功夫都在"揠苗助长"，刚刚有一点对了，一下子发光了，以为得了道，然后要加工，又吃补药又练气功，这样那样都加上去，结果发光变成发暗了。所以这个时候不能揠苗，不能帮助，只是看住，这是温养。换句话说，就是佛经所讲的"照见"，观自在菩萨那个照，观就已经在温养中了。

开口神气散

"不得遽用猛火"，这个时候不能用猛火，只能用文火烹炼。什么叫文火？练气功的人，呼吸慢慢地不加意，这个叫文火。对不对呢？也对！但不全对。那么什么是火呢？正统的说法，意念就是火。道家有两句话我们必须知道，"开口神气散，意动火工寒"。修道家的人，如果天天上课，吹牛招摇撞骗，那是不行的啊！因为犯了道家的天条"开口神气散"。修道人话都不讲的，就怕开口神气散了。意动就是思想杂乱，火工就寒，这个时候要无念，要意念专一就是文火。这是道家的道理，真把它弄清楚了简单得很，就是"温养子珠，不得遽用猛火"。

因此朱云阳真人解释，"此节，言日月合璧，产出金丹大药，即系活子时作用。"为什么要加一个活子时呢？因为并不一定是半夜子时，这是活的，每个人不一定的，不是呆板的不是死的。天地

133

的法则，子时是夜间十一点到凌晨一点，所以夜里十二点是正子时，这是呆定的。但地区不同，在英国、美国东部西部都不同，我们的子时是人家的午时。所以修道要注意地区不同，子时绝对不同。换句话说，也有另外一个活子时，因为生命是活的，法则是呆定的。生命的变化规律虽然同天体太阳月亮的规律一样，但如果说因此到子时非打坐不可，我说你那就是"死子时"，你不是学长生，而是学长死了，所以要懂得活子时。

他引用"尹真人云，欲求大药为丹本，须认身中活子时"，这是告诉每一个修道的人，要想拿到自己生命里的长生不老之药，首先就要了解身体内部活子时。"正此义也"，就是这个道理。

丹经的乱象

那么他又说理论了，"晦朔之间，坎离交而成乾"，坎离交媾，水火交媾变成乾卦。道家的名词叫做"取坎填离"，这是什么取法呢？道家的旁门左道花样很多。坎卦在身体代表精液、荷尔蒙等等；卦是个代号，不是呆板的，要活用。离卦在人体代表心脏，在思想是代表念头多，在面孔上坎卦代表耳朵，离卦代表眼睛，哎哟一大堆！就像是一个孩子不晓得拜了多少干爹妈，你就弄不清楚了。所以中国的道书混乱，哪一门哪一派哪一个仙人，各人不同，他喜欢怎么用就怎么用，政府也没有规定他。因此这个道书千古丹经是一片乱象，看不懂好麻烦，看懂了又觉得真够啰嗦，讲许多空话！它为什么用那么多代号呢？因为怕泄露天机。

由于用了许多的代号，所以"取坎填离"就产生了很多男女之间的采阴补阳，多得不得了！但是你不要搞采补，因为天下的道很简单，第一等人所谓菩萨、神仙，是损己利人；第二等人小菩萨，利己利人；末等不是人，他们损人利己。要采阴补阳，这个动机就损人利己，这样能成仙成佛我绝不相信！这个道理一定先搞清楚。

"乾为真金，故称金丹"，乾代表金，所以道家把至阳之乾叫做金丹。"所以金丹火候，专应乾卦六阳。"所谓金丹的火候没有办法讲了，火候是一步一步功夫。神仙收你做徒弟，只能传口诀，没有办法传火候，连佛都没有办法传，只能讲原理。所以照这个方法你去修吧！火候就靠你自己了。释迦牟尼佛也讲过火候，不过没有说明是火候，他在修禅观的时候，只告诉我们四个字："知时知量"，我已经讲过，就像自己吃饭喝酒一样，量差不多八成九成就够了，再不能添一点，添了一点那个境界又跑掉了，这就是火候。

阴阳循环的过程

《参同契》这里开始讲的学理，说到人体生命阴阳之气的功能，与月亮地球运行的关系。由月尾到下月初，说明活子时生命能的发动，以及一步一步的功能，使我们认识修道时气机的发动，一步一步的程序和境界。这个必须要了解《易经》的十二辟卦，这是麻烦的事，大家听起来会觉得很啰嗦，尤其是对《易经》不熟，所以这一段现在大体把它讲过去，将来再做研究补充。

"阳以三立，阴以八通，三日震动，八日兑行。九二见龙，和平有明"，这个都属于《易经》。"阳以三立"指每月阴历初三，月亮刚刚出现。加一候五天就是初八，月亮半圆，在《易经》的数理阴阳道理来讲，这个阳里有阴，所以"阴以八通"，初八算是阴的开始。"三日震动"，初三是震卦的现象刚刚发动。"八日兑行"后天的八卦图，初八属于兑卦，此时月亮半黑半亮。"九二见龙"，九二就是第二爻，这个龙字是形容词，形容一股阳气刚上来，这个时候阴一半阳一半，"和平有明"，正在中庸的状态、和平境界。

"三五德就"，三五一十五，每月阴历的十五"乾体乃成"，整个的月亮统统是白的，这个情形好像月亮的光明圆满。《易经》的解说，物极必反，盛极必衰，都是必然的，没有办法变动。人的生命壮极必老，也是呆定的，所以到"三五德就"的时候，等于乾卦到了极点圆满，接着阳极就阴生。这个原则反映在中国文化的世道人生哲学，万事都不可过分，盈满了就要失败。过了十五以后，下半月开始就是阴。

"九三夕惕"就是乾卦的第三爻，昼夜都要小心，等于年龄大到了极点，就准备走了。"亏折神符"，这个时候月亮慢慢走向下半月，夜里就"盛衰渐革"，渐革也是卦名，这个现象又变了。"终还其初"，最后又走到阴的境界去。打坐修道做功夫也是这样，所以大家必须要了解这个道理，当你精神最健旺、境界最好的时候，下一步就是阴境界来了。阴境界并不可怕，阴极阳极都是了不起的，所以必须要认清这个法则。

假使一个修道人到了昼夜身心舒爽，百脉畅通，内外一片光明，等于道家北派的祖师丘长春所讲的，人变成了无缝塔。没有缝就不漏，六根不漏在一片光明中。假定你有这个境界，你说下一步呢？明极就暗，转过来阴境界一定会起来。一阴一阳，一明一暗是它的过程，那个能明能暗的是道体，不在这个明暗境界上。真正的大道成功，是在无阴无阳之地，非阴非阳，那个暂时不谈。现在讲修丹道做功夫的方法，对这个境界的变化必须要认清楚。

不要怕阴境界

现在他说阴境界来了，"巽继其统，固济操持。九四或跃，进退道危。"巽是卦名，巽为风，阳极一阴来了，下面是一阴开始的巽卦，就是"巽卦继其统"的意思。修道的人功夫到这一步，注意这四个字："固济操持"，就是要好好把守住，不要被阴境界骗走了，不要恐惧，不要害怕，因为这是一个必然的反复过程。这一个程序，每一个境界每一步功夫都告诉你了，等于是乾卦九四爻的爻辞："或跃在渊"，在深渊里跳出来，像一条龙一样，俗语所谓鲤鱼跳龙门，跳过去就化成龙了。譬如你们青年同学们，学校刚刚毕业，年纪轻，所谓春秋方盛，前途无量的样子，也许跳出来，也许跳不出来。这时候价值无比的大，所以叫或跃在渊。到了这个境界，由阳到阴，要特别小心，"进退道危"，或者进步或者退步，这

第六十九讲

139

个道不是讲大道的道，是这个法则、原则。这个境界里究竟该进该退，是走入阴境界，或是保持阳境界，要特别小心，因为这还是不定的。那么到了这一步功夫怎么办呢？这个就要靠你的智慧了，因为这是火候的问题，有时候就赶快走入纯阴的境界里，大休息下来也是一件好事。

"艮主进止，不得逾时，二十三日，典守弦期"，刚才这个巽卦，第二爻又变成阴了，两重阴爻变成了艮卦。阴境界等于每月阴历的二十二、二十三这两天，成了艮卦，等于说阳爻光明只剩了一点，下面是暗的。这样就晓得自己的限度了，不能再加，只能减下来，"不得逾时"，违反这个原则是不行的。这就是每月阴历二十三的时候，典守下弦之期月亮，一半亮的一半暗的，同上半个月一样，不过亮光是向下颠倒的次序。

"九五飞龙，天位加喜"，到这个境界等于乾卦的阳能快要完了，九五飞龙在天之相，光明到了最鼎盛的时候，下一步就是黑暗的开始，所以飞龙在天，所谓天位已到了最高处，再进一步就转阴了。

"六五坤承，结括终始"，每月的月尾，坤卦第五爻了，月亮的光明都没有了。我们打坐修道到这个时候，一点念头没有，完全到了一个沉没的阶段，等于说无知、无喜的阶段。如果修道到这个境界，"结括终始"，要像口袋一样封起来，什么都不管，因为阴极了，下一步又转过来到光明境界，力量更大。所以"韫养众子，世为类母"，这个韫养的第二度光明再来，等于这个阴极是妈妈，再生一个儿子出来。在密宗也讲到这个道理，所以有子光、母光这个差别，一般人把"明"的先后境界的差别，比喻母子相会的道理。这是月尾的月亮，我们的境界也是如此。"上九亢龙"，亢龙就有悔，到了最高处就不行了，"战德于野"，阴阳交战。现在还是把所谓炼丹、气机、生命、精神、健旺这些变化，用《易经》的乾坤两卦六个阶段来说明。

群龙无首最好

"用九翩翩，为道规矩"，"用九"这个名称很有意思。现在留下来这一本《周易》的乾卦用九、坤卦用六这两个名称，只有乾坤两卦里头有。坤卦是阴爻用"六"代表，乾卦是阳爻用"九"代表。其他卦里头没有。怎么叫"用九""用六"？历来解释很多，我的研究告诉诸位，就是"用阴""用阳"。换句话说，到了最高的境界，天地宇宙万物同人一样，都受阴阳的法则所支配。能够不受阴阳法则支配，善于用阴阳，超越于阴阳之外，就是"用九""用六"的道理。

所以《易经》的乾卦有一句话，"用九，见群龙无首，吉"。群龙就是指这六爻，六条龙无首，没有头的，这是大吉大利。六条龙都没有头为什么大吉大利呢？用九，从政治哲学、历史哲学立场来讲，"用九翩翩"是谦虚到极点，自己决不做首领，也不占任何位置。我常说中国文化里的隐士之道，是帝王学的领导，隐士决不占任何位置，也不要任何权益。所以用九这个"群龙无首"，也可以说是真正的大民主的精神，平等平等。自己不在其位，一概不用，当然大吉大利。一个人帮助团体得益很多，他自己什么都不要，飘然而去，这个人就是用九。用九当然"见群龙无首"，所以大吉大利。

按部就班，九转还丹

用六也是一样。有吉有凶就是人有所求，到了无所求的境界，也是与用九一样。所以《参同契》"用九翩翩，为道规矩"，是说做功夫一步有一步的境界，一步有一步的道理，用九用六而不被阴阳所用，是跳出了阴阳之外。我们没有跳出以前仍要知道用九，每一个境界来都晓得是过程，不是永恒。就算神通广大，能翻天覆地，还是道的用，不是道的体。如果被自己的这些境界骗住了，修道永远都不会成功！所以，每一个境界都不能执著，因为下一步还要变化。所谓"用九翩翩"，那是形容超越的意思，"为道规矩"，是要晓得那是修道的这个道理。

到了"阳数已讫"，乾卦用完了，阳数"九"没有用了，"讫则复起"，阳极就阴生。"推情合性，转而相与"，拿人的生命来讲，阴阳是性情，这是中国文化《礼记》的根本。性包括心理的，情包括生理的，懂了这个法则来"推情合性"，把生理与心理的境界合一，这也是一阴阳。也就是把心理的一念不生的清净，与生理上气住脉停相结合，则一步一步自然会起变化。所谓"九转还丹"，像一个圈子一样在旋动，九转并不是气在身上打转九次，九是阳数，是说阳气极而转阴、阴气极而转阳这样的过程阶段。

"循环璇玑"，这个流动互相反复，"璇玑"是古代天文仪器中心在转动的那个东西。"升降上下"，阴阳到了一升一降，一上一下。"周流六爻"，从《易经》来讲六爻，六个位置。"难以察睹。故无常位，为易宗祖"，每个境界的变化，如佛经所说"不可思议"，不要去想，难以推想观察，因为我们生命的功能都是自然变出来的。但是每步功夫不一定呆定的，依个人的体能、年龄、心理等的关系而有异。活子时也不是呆定的，可是这个法则、道理、规矩，等于科学的公式，它是呆板的。所以必须要把这公式把握住了，才能修道。

道家有各种各样的怪功夫，从丹田从海底提气上来，再从背上转，到前面下去叫做转河车等等，这些都不是正统道家的路线。你不能说他错，但是正统道家走的路不是这个样子，只要是后天有意去做的，纵然成功也不是正道。因为做得成的就坏得了，不做就没有，所以不是正道。

丹道先养性

现在我们翻到中篇，正统道家的神仙丹道之术，下手的功夫先从养性开始。中国文化三家，佛家讲明心见性，道家讲存心炼性，儒家讲修心养性。《参同契阐幽》这本书上，注解的朱云阳真人，不用道家名称，倒用了儒家的养性说法，道理都是一样。"此卷，专言养性，而御政伏食，已寓其中。"养性同佛家明心见性不一样，不是用禅宗所谓参话头的方法，他不要你参，因为人性本来就是道，人性本来就是佛，你只要培养就出来了。这一篇专讲养性下手的功夫，与道家的修持之路，以及得到金丹吃下去长生不老的道理、程序，"已寓其中"，都包含在内了。

性命归元章第二十

> 将欲养性，延命却期。审思后末，当虑其先。人所禀躯，体本一无。元精云布，因炁托初。阴阳为度，魂魄所居。
>
> 阳神日魂，阴神月魄。魂之与魄，互为室宅。性主处内，立置鄞鄂。情主处外，筑为城郭。城郭完全，人民乃安。
>
> 爰斯之时，情合乾坤。乾动而直，炁布精流。坤静而翕，为道舍庐。刚施而退，柔化以滋。
>
> 九还七返，八归六居。男白女赤，金火相拘。则水定火，五行之初。

上善若水，清而无瑕。道之形象，真一难图。变而分布，各自独居。

类如鸡子，白黑相符。纵横一寸，以为始初。四肢五脏，筋骨乃俱。弥历十月，脱出其胞。骨弱可卷，肉滑若饴。

千古丹经《参同契》，内容归纳成三大纲要：御政、养性、伏食。本章叫做"性命归元章"，是后人所加，指性与命两个合一。在别的道书上，性跟命叫做神与气两种。神是性的现象，气是命的现象。所以神气是讲它的现象，性命是讲它的根本。现在修道成功变成神仙就是性命归元这个作用，返本还元了，得了道长生不死了。所以"此章，言性命同出一源，立命，正所以养性也"。道家的书都是讲先修身，把身体修好，因为我们这个肉体是生命的一个杰作，一个果实。譬如苹果是苹果树结出来的果，等于我们这个身体一样，但是苹果的生命是苹果树上来的，苹果树是命根。这个命根在苹果里也有，再把苹果籽种下去，好好培养，它又长一棵苹果树出来。所以我们这个肉体不是本命，可是本命也在这个肉体。真正把命功修好了，"明心见性"，见道自然很容易，所以立命正是养性，就是这个道理。

"将欲养性，延命却期"，你想修道，成了道就明心见性了，佛家叫明心见性为生命的本来。我们想长生不老，延命就是长生，就是却期。到一百岁乃至二百岁不死，就是支票不兑现，兑现了就叫做死。延命不去死，就是却期支票。想达到延命不死，下手功夫先从养性开始。怎么养性？道家讲性就是命，命就是性，要在理论上先了解；理论不通，修道都是白修。所以，"审思后末，当虑其先"，要了解一个东西的末端地方，先要了解它的根本，也就是要先了解性命从哪里来。

养性即修命

"人所禀躯，体本一无"，父母没有生我们以前，没有这个生命，当然没有生死。"元精云布"，等到父母的精血交配了，像云飘上天一样，上去后雨就下来。"因炁托初"，父母精血凝结炁化，我们生命投入而形成了胎儿。"阴阳为度，魂魄所居"，这个成长的过程，阴阳有它一定的境界，一定的度数。释迦牟尼佛几千年前讲的生理学，跟现在一样，而且更清楚。娘胎里头七天一个变化，三十八个七天共九个多月，生长成为一个有魂有魄的人而出生。朱云阳祖师的注解非常好，"此节，言养性之功，当彻究性命根源也。"养性的功夫就是修命的功夫，必须要先了解性命的根本。"何谓性？一灵廓彻，圆同太虚，即资始之乾元也。"性是什么？因为这位朱云阳真人是清朝的，距离我们只有三百多年，算是近代文化，他把儒释道三家合起来讲，"一灵廓彻，圆同太虚"，圆满光明，清净无念像太虚一样。假使无念是糊里糊涂的，什么都不知道叫无念，那叫做糊涂！不叫无念。无念等于天气好的时候，万里无云，青天中间一灵不昧，灵觉之性万法皆知。"一灵廓彻"，廓就是空空洞洞，无量无边，彻东彻西，天上天下无事不包。这是圆满，同虚空一样，虚空有多大这个灵性就有多大。在《易经》来说，就是"万物资始"，宇宙万物都靠这个功能生出来，这个叫"性"。"即资始之乾元也"，叫做乾卦，万物的根源是"性"。我们修道，道的根源在哪里找？在"性"中找。命是它变出来的，所谓心物一元，都是它变的。

"何谓命"，现在讲我们的命在哪里。你看在座的有年轻也有年老，老的不是这条命老了，是形体老。什么是命？"一炁絪缊，主持万化，即资生之坤元也。"真正生命是这个"炁"，这个炁不是呼吸之气，现在的语言讲就是生命有个能量。这个"一炁絪缊"，絪缊就是闷住了，阴阳混合闷住。絪缊两个字很难解释，譬如有时候气候闷起来一点风都没有，很闷很难过，知道快要下雨了，这个大气在酝酿，尤其是在春天。所以青春这个阶段，最麻烦，这就叫做"春困"。《红楼梦》中林黛玉春困发幽情，这是春天絪缊的境界，就是闷，头脑都不清，身体都懒，像老母鸡抱蛋也是这样，闷闷的。

　　"主持万化"，万化之物，像发豆芽，黄豆泡水，上面盖起来，那个水蒸气闷住它才发芽，那个境界就是絪缊。万物都靠这个境界，在《易经》的道理是坤卦的境界，坤属阴。如果你们修道打坐，能够坐到忽然之间忘掉身体，忽然之间什么都不知道；说不知道嘛又知道，说知道嘛又不知道。像老母鸡抱蛋一样一身都软了，很舒服不想动，念头思想都没有。这样子闷住久了，可以返老还童了。随时都闷住更好，越闷越熟，精气神都发展了。可是修道的人多半不是如此，而是用脑筋、用方法、用意识搞来搞去，并没有静下来。所以一定要静到极点，就是老子所讲"归根曰静，静曰复命"，才是命功的境界。絪缊是《易经》上的，闷闷的但也不是闷，这个身体永远在春天，所以叫长春，永远在那个春困的阶段，也就是命功的境界。

第七十讲

延长生命的电源

讲到性跟命，"此是先天性命"，在道家讲起来是形而上的，"在父母未生以前，原是浑成一物，本无污染，不假修证"，我们的本性，在父母没有生我们以前——不是讲这一生的父母，是指原始生命这个本来，在没有变成人，在六道轮回打滚之前，原是阴阳一体心物一元的。那时本来没有染污，也不需要修，个个都是仙都是佛。"一落有生以后，太极中分，性成命立，两者便当兼修。"未生之前，本来是一个太极，太极是阴阳合一的心物一元。可是有了这个生命以后，太极中阴阳分开了，所以我们有性有命。儒家讲起来，就是有性有情，人有情感，受自身生理的支配。我们要想从凡夫修回到本来那个仙佛一样的境界，既要修性也要修命，要同时兼修性和命二者。

"然性本无去无来，命却有修有短"，这个性本是自性清净，没有办法修，不要你去修的。佛家讲性，就是《心经》上说的不生不灭、不垢不净、不增不减。道家说，我们做功夫修的都是属于后天的命。命功是有为法，有些命长有些命短，"修"就是长。

"若接命不住，则一灵倏然长往矣。"人的寿命等于电器充了电，有些人电源多一点，命长一点，有些人短一点。要想活着，自己要晓得充电，就是要晓得"接命"。如果不晓得充电，接命接不上，"则一灵倏然长往矣"，这一点灵性的肉体生命，电源用尽，命功一断，灵性这一部分就离开了。

"修道之士，要做养性工夫，必须从命宗下手"，所以修道的人，想明心见性，原则就是必须把身体弄好，不珍惜这个身体是不行的，所以先要把命功修好。

"故曰，将欲养性，延命却期"，魏伯阳真人的原文上讲，想养性必须先修好命功。"却期"，要像逃避兵役一样地慢点去报到，要超越时期。"何谓却期，凡人之命，各有定期"，在佛家讲是定业、业力的关系，这股力量是一定的。"其来不能却，其去亦不能却"，当你投生的时候，不想来也做不到，我们自己也莫名其妙就被生出来。父母也做不了主，要想生女的偏生男，想生男的偏生女。要生时推却不掉，要死的时候也推却不掉。"惟大修行人，主张由我，不受造化陶冶"，只有大修行人，功夫到了，要死就死，要生就生，生死把握在自己手里。"命既立住"，修到命功完成叫立命，命功把握了，"真性在其中矣"，性功的道理就在命功之中了。

"人若不知本来真性，末后何归"，修道只要明心见性，知道自己的本性是什么，最后一步功夫成就的是性功，不是命功。所以你修道成功，功夫再好也是有为法，是有修有证；要归到无修无证，不增不减，最好没有功夫，不需要功夫了。所以，"了性是末后大事"，最后还在了性，是性功的成就，这是道家的道理。

和尚变道士

道家有南北两派，我说吕纯阳祖师等于佛家的六祖一样，南宗北派同他都有关系。南宗到了张紫阳真人，他得道的弟子是和尚，后来当道士去了，名叫薛道光。他参禅参了几十年，他师父们都认证他大彻大悟了，但是他觉得没有悟。悟道要了"性"及"命"，这个一念不生全体现这些，他都懂都证到了；但是他认为悟了道大彻大悟，只了了一边，另外还有一边，还有这个命功没有了。在禅宗来讲，就是所谓向上一路的事。因此他不穿和尚衣了，穿了和尚衣到处访道找明师不方便，后来碰到了张紫阳真人，他才

149

成就。

这个就是说，你要修道，没有修明心见性的性功，只做有为功夫也不成功，原因是着相。所以修道修密宗的人，非常容易着相，解脱不了，性功很难悟透彻。但是修性功的人，专坐禅达到明心见性，也只见到法身，了了性，没有了命，报身不成就。报身是要修命功的，所以性命双修就是道家的理论。可是修命功必须要先悟到性功，所以"人若不知本来真性，末后何归"，也是枉然。"了性是末后大事"，在道家讲了性是什么呢？明朝以后道家"炼精化气，炼气化神，炼神还虚"，还虚还不是了性，什么时候是明心见性？粉碎虚空！虚空都要打破，所谓"虚空粉碎，大地平沉"，这个时候就了性。命功修成了再了性功，那么这个神仙就不是神经了，就是真正的神仙了。

"不知欲要反终，先当原始"，所以修道的功夫，是要回到本来那个不生不死的仙佛之道，就是回到我们那个本来面目去，回到这个生命的本来。所以"欲要反终"，要想回到最后那个本来地方，"先当原始"，必须要先找出本来面目。他这个道理是说，修道的第一步"必须反复穷究"，一定要去穷究。穷究就是佛家禅宗的参禅，"思我这点真性，未生以前，从何而来。既生以后，凭何而立"，这就是禅宗祖师讲的参话头，父母未生以前你在哪里，死了以后究竟有没有？

我们看清朝第一个皇帝顺治，后来他出家了。他有首诗，因为满洲人初学中国文化，作得不大好，但是他写得很坦然："未曾生我谁是我，生我之时我是谁。"不过他表示后来悟道，"黄袍换却紫袈裟，只为当年一念差"，他认为前生是个得道的高僧，这一生当了皇帝划不来。"我本西方一衲子，因何落在帝王家"，很讨厌做皇帝。历史上有好几个皇帝，自己及后人，都发了愿，愿生生世世莫生帝王家。你看做了皇帝的人那么讨厌当皇帝，有了富贵那么讨厌富贵，就是我们这些穷小子偏偏想富贵。

这个性功要参究要悟道，你要悟到"未生以前，从何而来。既生以后，凭何而立"，现在我们这个命究竟在哪里？是在丹田，还是在脑子？哪里？"凭何而立"？

魏祖和六祖

由此"便知了命之不可缓矣"，我们做功夫修道，开始只知道要了性，要明心见性。但是真正能明心见性，必须先要做了命的功夫。命功做到了家，了了这个后天的命，恢复到本来，命在我们自己才有了把握，才能了性。

"故曰"，所以魏真人说："审思后末，当虑其先。最后受胎之时，不过秉父精母血，包罗凝聚，结成幻躯。"我们现在这个身体不是命，这一点修道人要认清楚。这个身体是后天的命，受胎的时候我们这一点灵性碰到精虫、卵脏，包进去跳不出来了，"结成幻躯"，三样结合就生成我们这个身体。"此乃有形之体，非真体也"，这不是性命的真正，所以我们叫它幻，佛学叫业报之身，来受报的。受个什么报呢？苦受、乐受、不苦不乐受。如果前生造孽多端，这一生就受苦一辈子；前生做好事，这一生富贵，一辈子不受苦报，只受乐报；有时候我们愣头愣脑的，是受不苦不乐之报。

"我之真体，本同太虚，光光净净，本来原无一物"，我们这个生命的本体同太虚一样无量无边，光明清净伟大得很。"故曰人所禀躯，体本一无"，所以就是后来的六祖说的："本来无一物，何处惹尘埃。"这个时候禅宗没有来，佛法也没有来。魏伯阳是中国文化，

151

由此说佛道两家一样，"本来无一物"，不过用的文字不同。

神室　元精

"及至十月胎圆，太虚中一点元精，如云行雨施，倏然依附，直入中宫神室，作我主人。"十月胎圆，圆满了，这个太虚中清净本身中一点，不是有形的，也不能说是无形的；这一点元精，"如云行雨施"，像天雨降下来"倏然依附"，包饺子一样包进身体里。"直入中宫神室"，我们有形身体的中宫在心窝以下，也正是胃的这个部分。神室就不是中宫了，脑子、心脏都是神室。这个元神在我们身体里好几个房间，好多的地方有它的别墅，这都是神室。你说一定在脑吗？上丹田这里吗？都不是，但是都有关系。所以这一点"元精"——不是元性，注意啊——炼精化气就是炼这个，中宫神室的那一点，元精就做了我的主人。这一点特别注意，我们那个能够思想、能够做主的，能够用心的，精神很健旺的这一点，就叫做"元精"。

现在讲到身体有形的部位"直入中宫神室"，你们年轻的，道家的书、密宗的书乱看，看了以后修气功修气脉，很多都在那里忍精不放，那些脸色我一看都是问题，不得了的，这非神经不可。严重告诉你，不是这个道理，甚至炼精化气也不是这样。现在讲到"元精"，这个"元精"不是精虫，精虫是"元精"所变化的一点点，不算什么。我们这个生命来得不容易，既然有了这个身体，现在不好好地修回去，那真可惜！跟我们一同来想投胎的，有那么多生命，那个是有形精虫的精。"元精"不是讲这个，不过同那个有关系。

三种气

"于是劈开祖窍，团地一声，天命之性，遂分为一阴一阳矣。"就是刚刚生下来，团的一下，那个时候这个元精下来。"劈开祖窍"，这一窍在哪里？有人说祖窍在头顶，修道到后来成功，这个地方是开的，密宗叫开顶，不一定跳动，一定会开。注意，那不是祖窍！祖窍可以说无窍，祖窍同这个有没有关系？也有关系，部位差了一点点，差不多了。这个时候劈开祖窍，团的一声生下来，先天本命那个本性就分为一阴一阳。所以人生下来一半清醒一半糊涂，头脑有时候明白，有时候糊涂。

我们中国这个气有三种，一是呼吸之气，就是空气的气；二是道家讲生命的元气的炁，无火之谓炁，就是生命能，这个是命；三是米谷之气，靠各种营养，吃饭维持生命，所以叫做米谷之气。"盖后天造化之气"，后天造化这个生命，气发热所谓体能的热。"若非先天元精，则无主而不能灵"，如果先天来的这个元精跑掉了，不做主了，我们就没有思想，等于有些人躺在医院里没有死，吸氧气了，头脑没有思想变成植物一样。这里告诉你，这个人的生命是"后天造化之气"，如果没有先天元精就无主了，无主则不能灵，这个先天元精就有那么重要。

"先天元精，若非后天造化之气"，身体不健康，营养不良，身体有病也不行，"则无所依而不能立"。后天命修不好，身体这个机器不对，先天元精住不下去了也很麻烦，无所依了。等于你包的饺子，下锅皮破了，把这个馅也漏掉了。所以后天造化之气，后天的营养，身体的健康，也是非常重要；不然你这个元精不灵明了，后天先天的关系是这样的。

由此"可见性命两者，本不相离"，修道的人注意！修性修命，性命二者是一体，不能分开。"故曰，元精云布，因炁托初"，我们这个身体后天生命，像空中的云一样，元精这个生命力像电一样，我们看不见，可是有这个作用。我们看得见呼吸的功能，呼吸功能不行了赶快吸氧气，有氧气所以死不了，这时元精还留了一点的。这个元精，是靠后天这个气做它的依托。

魂为阳为木　魄为阴为金

"后天之造化，既分一阴一阳，阳之神为魂，魂主轻清，属东方木液"，造化是中国的名词，宗教家叫上帝、灵魂、佛。中国文化没有这套宗教的外衣，把这个主宰叫造化，像化学一样能够造成变化万物的这个功能。到了后天生命分成一阴一阳，阳的神，我们讲精神，神就是魂。魂在身体内部是清净的，头脑清净，眼睛明亮，眼睛是神进出的道路，所以西方文化也讲眼睛是灵魂之窗。不错，所谓心神相连，心跟神两个相连；心眼，心跟眼睛也相连。《楞严经》上"七处征心，八还辨见"，佛说一切众生不能成佛得道，因为"心目为咎"。所以心跟眼睛两个出的毛病都有关系的。你看佛家虽然不讲性命双修，其实也是性命双修，佛只用另外一个方法讲，要你去悟。"属东方木液"，木属肝，魂同肝的关系最重要，木液就是这个精液。

"阴之神为魄，魄主重滞，属西方金精。两者分居坎离匡廓之内。故曰，阴阳为度，魂魄所居。"阴就是这个身体，营养变出来的这个气魄。我们讲这个人很有气魄，就是这个魄，身体各部分功能很健康，因此成为魄。它形成物质是重的，向下走，变为后天男人有形的精虫，女性有形的卵脏。

现在讲魄，"属西方金精"，金是个有形的东西，肺属金。所以肾亏不一定治肾，因为肾为肺子，如果肺气增强，金生水之故，肾就健康了。我小的时候，祖母生病了，父亲找医生，偏不找当时有名的某某，因为知道他不过是时医——走运的医生，并不是他有真本事。他要是搞错了，那个药吃下去就都不对了。所以讲到这个魂魄道理，这个就是命，你要当医生救人家的命，就要懂道家的学理才行。

个性非本性

"盖命之在人，既属后天造化，便夹带情识在内"，这个后天的生命，在身体内带有情识。佛家的六识、七识、八识，就叫做情识，这个识就与情有关系。中国文化叫做情，佛法就叫识。"只因本来真性换入无始以来业根"，佛学又用进来，这个业根就是情识。"生灭与不生灭，和合而成八识"，这在佛学的唯识都讲到，生灭法同那个不生不灭法，两种糅合下来构成了八识。"识之幽微者为想"，那个心意识最微妙的就是我们的思想，所以你打坐用功思想停不了，就算你在昏沉里头还是有想，就是幽微的意思。"想之流浪者为情"，这个思想在外面流浪，波浪大的就是情感。"情生智隔，想变体殊"，人的一生，因为妄想、情识充塞，真正先天的智慧就没有了。这八个字实在用得好，思想一变，人的本性就变了。人的个性各人不同，这个个性不是本性，是思想变出来的，是情识念力所变的，所以"情生智隔，想变体殊"，是属于后天的作用。

"颠倒真性，枉入轮回矣"，所以真性，清净本来面目被埋没了，都变成后天的个性，这个情识再变化就变成了业力。所以颠倒

155

众生，六道轮回跳不出来，不能成仙成佛。"所以学人，欲了性者，当先了命"，因此强调，学神仙丹道的人，你想明心见性就要把命功先了，命功一了，明心见性自然到达。正统道家所强调的这个理论，我今天站在道家立场来讲，百分之百的正确。中国文化的儒家、佛家、道家，到了清朝朱云阳手里，已经三家真正合一了。

第七十一讲

了命先立命

上次提到这个性情，就是性命的性。道家说到性命双修，怎样是性？怎样是命？最后归结到佛家的八识。这个第八是阿赖耶识，第七识命根，命根的情识。所谓见思惑清净了，烦恼清净了，就返本还原，返回自己的本性。以前曾讲到《青天歌》，丘长春道长讲性功，修性修到了就可以了命。道家修持方法同藏密修持的方法，基本理论是一个，就是先了命，了命以后自然返本还原，性功就到了。朱云阳真人注解的《参同契》，讲得很明白。

下面原文是分析道家的术语，"阳神日魂"，阳神是太阳里的精魂；"阴神月魄"，阴神等于月亮里的那一点黑影。中国人习惯分魂与魄为两部分，什么是魂？什么是魄？我们提到过的。魂普通叫做灵魂，魄就是在肉体上有个作用，在死亡时这个作用就流散了，魂魄两个不能结合在一起就完了。"魂之与魄，互为室宅"，这两样，一样都不可缺少。也就是说，身心两个互相影响，生理身体不健康时，我们思想精神也就没有了。身体的这一部分是命功，心理是性功，心理不舒服或者是苦闷灰心，身体也会坏。所以魂跟魄两个互相为室宅。哪个是主人，哪个是侍从讲不清楚，有时候这个做主，有时候那个做主，当然自己要看清楚。

"性主处内，立置鄞鄂"，我们后天的生命，本性在身体内部，离不了肉体。但是我们修道的人，要想超越物质肉体的障碍，必须先使本性心性不向外流走。所以佛家就讲修止修观，道家就是养性，设立围墙把它包围起来，不让它向外边跑。"立置鄞鄂"，鄞鄂就是边际，古代为城门城墙。"情主处外，筑为城郭"，把七情六欲向外推减，推到城郭外面。"城郭完全，人民乃安"，有城郭保护，人民才心安，这是讲修道的方法。

世界上用功的方法，不管学佛修道，永远难求得一个真正了解贯通而统一的方法。如果真正有的话，修行起来并不难，很快，不过有一点很难，就是培养功德做善事，这个太难。一般人贪便宜，以为只要打坐做功夫就可以成仙成佛，好事一点都不做；小的好事马马虎虎做一点，大的好事是不干的，永远办不到的，所以善行很难。

我们把这个道理讲了，现在看注解。"此节，**正言后天立命之功**"，前面讲过这个理论，你不要认为空洞，必须要透彻了解。这一节开始就告诉我们先了命，命功做到了自然明心见性。现在讲立命之功，修道就叫了命，不再受这个肉体物质世界的拘束，甚至变化了肉体，这个叫做了命。"了"，佛家名称叫解脱，道家的解脱也有好几种，他们认为佛家的修炼方法，到达最高的境界也就是炼阴神，所以成仙成佛有很多的法门，很多的道路。

但是这些都不是了命，真正了命是把这个肉身转化，散而为气，聚而成形，要有就有，要没有就没有。道家也好密宗也好，这些理论这些方法都非常多，过去都非常秘密，现在几乎十之八九都公开流行，可是旁门左道也非常多。

了命怎么了？必须先要立命。了命跟立命两个名称要注意，这个命就在我们身体上，但是我们的命不属于我们，依照自然规律，到时间就死了，自己一点也没有办法做主。立命就是先建立自己，等于把流散的水银兜拢来，全然把握在自己手中，就是立命。要想修命功，第一步先修立命的功夫，重新建立自己，这里头就有理论了。

魂魄与日月

"**后天一魂一魄，分属坎离**"，他说我们这个后天的生命，分成魂魄两部分，归到《易经》的两个代号叫坎离，坎卦属于水，离卦属于火。水是身体上的各种荷尔蒙、精液、口水，火就是身体上的热能。这个生命没有僵硬，也没有冷，因为有热能——不是面包、饭这个热能。在密宗就叫做拙火，暖气发起，可以说是生命的学问。这个离火，这个坎水，同上面所讲的唯识也有关系。现在讲后天的不讲先天的，这里说我们着手修炼，就要了解自己本身魂魄各占一半，分属坎离两卦这个原则，这个是立命的根本。

"**盖以太阳在卯，故离中日魂，为阳之神**"，卯是东方，太阳在卯是说太阳一定从东方出来，卯在这里代表一个方位。太阳当中有个黑点，是阳中之阴，所以叫做离中的日魂。那一点是它的真精神，整个的太阳可以说是阳，中国哲学及科学说，阳中有阴，这一点黑点至阴之相，是真正的阴。"**为阳之神**"，这一点是太阳中间的精神，阳中有阴是它的神。

"**太阴在酉，故坎中月魄，为阴之神**"，酉代表西方，月亮在西方是讲月亮每月初三首先出现在西方。月亮属于坎卦，有关月亮黑点的神话很多，如月中有嫦娥等等。现在科学说法又不同了，究竟月亮里有没有东西，科学还没有结论。但月亮里的月魄，月亮里的黑影是真阳之气，因为月亮是阴，阴中有阳就是阴之神。

"**两者体虽各居**"，这个一阴一阳的精神，阴神反而跑到太阳里，阳神反而跑到太阴里。"**然离己日光，正是月中玉兔**"，他说古代看到月亮里的黑影认为是玉兔、月桂、嫦娥这些影子。我们上古的科学也很清楚，说月亮里的影子，受了阳光的反照，里面实质的东西被遮住了，显出影子来。离己中的己，是月亮吸收了太阳的光明反射出来，就变成月亮里玉兔的影子。

"**日魂返作阳神矣**"，什么叫日魂？太阳的光照到月亮，月亮又反射出来，我们看到月亮有东西，实际上看到的那个东西是"日魂"，是太阳的灵魂，是光的投影。我们的灵魂就是投影，放射出来我们才看到。实际上月亮里头放射出来的那个投影作用，就是阳能，是阳光的作用，这个理论很科学。理论就是方法，我们修道要长生不老，如何长生不老？方法就在这里，大家研究研究看。所以佛法非常有道理，要你睡的时候心中观一个太阳。很多人睡觉就睡觉，管你太阳月亮，可是真能够观得起来就长生不老，这里是有个巧妙的。所以我经常说，学佛修道做功夫都是讲科学，不是迷信乱搞的。

"坎戊月精，正是日中金乌"，坎卦代表月亮，戊己是土，坎戊月亮里那个实质的是月亮的精华，凝结一起曰之精。太阳叫神，月亮叫精，看道书古书一个字都不能马虎。太阳那个放光的叫神，神是不死的，没有实质；月亮里头的叫做精，实质的，所以坎戊是月精。太阳里的黑点在古代文学上称它为金乌，金在五行也代表至坚至纯，所以叫金乌。太阳里的黑点是什么东西？那是月亮光明的精神反射过去，"月魄返为阴神矣"，是月亮里实质的那个东西反射在太阳上。这点道家没有说明，看起来他似乎假定月亮跟太阳像两个镜子对着，这两个光可以互射。

这里面又是一步步功夫方法，你懂了这个理论，如禅宗所讲，一念不生就是道。什么叫一念不生？一念不生里面有没有东西？假使完全没有东西，那个是顽空也是断见。所以佛家说，无念是无妄想，解释有一个净念在，等于说阳能里就有这一点阴魄不动。真正的佛学是修持法门，可是佛学的哲学理论太高，变成学术了，反而把修行法门搞丢掉了。道家的理论也很高，因为它是科学性的，一般都去抓住"有"了，忘记了那个"空"，把"有"抓得牢牢的，使道家产生了五花八门很多的方法，实际上都是一样的。

偷盗天地精华

　　刚才讲到月亮太阳这个理论也就是方法，自己要想一想，不要另外有方法，所以求长生不老的采阴补阳，并不是男人女人来玩的那一套。真正的采阴补阳是采日月的精华，懂得采自然的精华就可以得道，长生不老。在房子里也可以，太阳能是房子遮不住的，照样透过，甚至在地洞里也没有关系。道家《阴符经》说什么叫做道，道者盗也，修道的人就是强盗，抢偷人家的东西。你要成道就要偷天地的精华，人的东西不要偷，要偷天地的。《阴符经》解释得非常妙，天地是万物之盗，天地偷盗了万物也偷盗了人，这个是科学又是哲学。以现在科学来讲，万物都是彼此互相映射、互相吸收的。万物是人之盗，相反的，人也是万物之盗，人盗了万物也盗了天地。换句话说，这个宇宙彼此都在伤害，也彼此都在成长，相生相克。懂了这个相生相克的道理，就懂得修道的方法，用不着守这里守那里。天地有那么大的生命财富给你，守在那里干什么？太划不来了。道家重要的关头都是讲理论，要注意，道书那个理论里面就是方法。读道书也要悟性高，你才能把它参悟得精，所以《参同契》也要参。

　　"故曰，魂之与魄，互为室宅"，上面理论讲完了，这个理论是解释《参同契》原文，魂跟魄两个互相为室宅。其实日月天体的现象懂了，我们的性跟命，精神跟生命的作用也是一个原理。他说"后天两物，虽分性命，其实祖性，全寄于命"，结论是拿太阳月亮比喻我们的生命。生命主要是性跟命两个东西，等于天体有了宇宙以后，有个太阳，有个月亮。这个天体，佛早就说过，像太阳、月亮这样的系统，在虚空里不止一个，三千大千世界，无量无边，数量太多了。等于道家所讲，我们这个宇宙也是一个生命，如果拿这个太阳系统来讲，我们人只不过是这宇宙生命的寄生虫而已。这个宇宙很妙，重重无尽，所以《华严经》讲"一花一世界，一叶一如来"。我们这个肉体是地球上的寄生虫，我们肉体内部也有很多的寄生虫。《金刚经》说度一切众生皆入涅槃，有个道家解释为度尽我们身上的众生。你不要站在佛家立场就骂这是外道，我这个人内呀外呀弄不清楚，看看还是有理由，反正公说公有理，婆说婆有理。

后天的两物，我们身体上就有太阳月亮。这里面又分很多，眼睛是太阳，耳朵是月亮；头脑是太阳，丹田下部是月亮，那多了！所以道家难弄，他两个眼睛、耳朵又分左是太阳，右是月亮，左属阳，右属阴。我们的气血，左边管气，右边管血。男的属阳，女的属阴，所以女阴血多，但阳气不够；男属阳，气多气大，蛮牛一样，但血不够。所以当归补血应该男人吃，高丽参补气该女性吃，这个中间的差别很大，很细。我们大概介绍了这些，将来你们看道书晓得讲些什么，尤其是不了义的道书，虽不究竟也是道书，你不能说不对，因为他只讲了那一点的功夫，后面不知道。像《参同契》这一种道书，的确是非常高的。

所以性命这两个东西是一体的，就是一元论，也可以叫做二元一体论。精神跟物质是一体的两面，等于手心手背。一体叫什么？叫做祖性，不只包括我们这个生命，是与山河大地万物共有的整体，是佛家唯识中的第八阿赖耶识。阿赖耶是梵文，道家叫做祖性，原始的本性。有了这个生命以后，"全寄于命"，本性不要向外找，它就在本身生命之中。

阴阳的变化——情

刚才讲到先天祖性，到底在哪里呢？"全寄于命"，全在我们现有生命中。"盖一落阴阳，莫非命也"，一旦有了这个有形生命，就落在阴阳中分成两层了。性也无所谓叫性，就是命，命中有性，只要修这个命功就行了。"且命元更转为情，盖阴阳之变合，莫非情也。"这又三个转折了，一旦变成这个后天生命，性在命中，在这个现有的命中，命在哪里？我们也找不到，现在用的是情、思想，七情六欲这个情，在佛家来讲就是妄念、妄想等等。我们有了后天以后，性在这个命中，命又转变了，变成情的作用。所以我们的思想不停，妄念不停，甚至于我们身心阴阳反复的变化，都是情的作用。譬如说精神疲倦，阴境界来了；精神好了醒了，阳境界来了。欢喜的、高兴的心境，脑子清楚、无烦无忧是阳境界；有烦恼有忧愁，喜怒哀乐发动了就是阴境界。这些"阴阳变合，莫非情也"，就是我们现在三个转折，三个变化。

"惟其性寄于命，故离中元精，坎中元炁，总谓之命。"我们先天的本性，同后天有形的生命合一，先天的性也在命中，所以说是性命合一。我们的肉体是个壳子，像是电器中阴阳两条电线接起来，才能发光起作用。在我们这个生命上，"离中元精，坎中元炁"——"元炁"不是呼吸之气，所以我常说，你们打坐等于充电，不用做什么功夫，它自然就在充电，充的是这个"元炁"。至于离中的"元精"，也就是我们一点灵知之性。你到了那一步，元精净化，气脉自然会动，自然打开了，不需要你忙来忙去搞气脉。"离中元精，坎中元炁"这两个代号我们晓得了，合拢来就是我们现在的生命，"总谓之命"。但是我们把握不住，因为被七情六欲这个思想妄想牵引住了。

"惟其命转为情，故曰，日中木魂，月中金魄，总谓之情。"这个生命一变以后，后天的用又变了，就只有思想、情绪。本性原来用太阳做代表，那个木魂就是肝脏这一部分，很重要，肝是管血的。"月中金魄"在生理上是什么呢？金魄是属于肺的，呼吸的这一部分也很重要，这是有形的有形，都是因为气血的变动而显现。后天所有的作用离不开气血的作用，而气血作用配合上先天之性，变成后天生命当中的这个思想，总合起来都叫做情。

元神　元炁　元精——性

这里有个大问题来了，这些都是理论，这个性命之性在哪里呢？"只有祖窍中，一点元神，方是本来真性。"关于祖窍，道家的讨论很多，我们后天生命，本性就在上面。这些情绪尽管闹，气血尽管动，但后面有一个老板，那是我们生命的根本，也就是性。这个性没有离开过肉体，它住在一个祖窍里。所以，在我们后天生命不叫它性，道家叫做元神，它有三个名称：元精、元炁、元神。这点元神才是本来真性，就是先天的明心见性的性，也就是上十讲的那个"与天地同根，万物一体"。可是在我们身上它在哪里呢？就在祖窍里，"方是本来真性"。

我们的生命，"元神为君"，元神是老板是皇帝、总统、主宰。"安一点于窍内，来去总不出门"，它就在我们身体祖窍里，但是它同天地同宇宙相通，尽管通电来来去去，可是它没有离开过我们身体，没有离开过祖窍。所以他解释《参同契》原文两句话："岂非性主处内，立置鄞鄂乎"，就是这个道理，他解释得很明白。

现在我们晓得，道家讲有一个祖窍，佛家显教没有这些玩意，西藏的密教有没有提到这个呢？有提到，这个名称叫"生法宫"，在海底，是印度来的，也是印度一切瑜伽术各派同佛家共修的。譬如中国的道家把肚脐下面看得牢牢的，就叫做守下丹田，有没有理由呢？也有理由。在藏密里头，丹田这一部分是脐轮，密宗是不肯讲的，认为是不传之密，不像我这样说出来。其实我认为这些都是渣子，真东西还不是这些，所以我不在乎。一般学密的人认为那个是宝贝，千古不传，密宗还有一个代名词叫"化轮"，化生归一。老实讲，所谓化轮，我们欲界中的人，都是从下部化生出来，所以精虫卵脏都在这里。

脉轮似电缆

这个所谓脉轮就像电缆，我们身体上电缆很多，包括神经系统从脐轮上来，就是密宗说的心轮，心轮又叫法轮，也有好多脉，道家叫这个为"绛宫"，当然是红色的宫殿，里头有神。所以中国外国这一套东西都差不多，各有各的名堂，各有各的长处，各有各的心得。

再上来到喉轮，密宗叫"受用轮"，中国道家在这个地方叫"十二重楼"，这里的软骨头十二节，我们饮食由这里咽下去。喉轮这个地方，道家叫"生死玄关"。密宗说这一部分的脉轮如果打开了，就不会有妄念。所以这一部分脉轮没有打开之前，如说自己没有妄念那是骗人的，也骗了自己。实际上这里有两个管子，一边是气管，一边是食管。那个气管一个指头抵住就会死；食管割断了死不掉。京戏中拔剑自刎是刎气管，气管一断就完了，食管砍了半个钟头也死不掉，缝得起来的。所以这个地方道家认为很重要，这个地方没有打通，说了了生死是不可能的！

头顶的顶轮，密宗叫做"大乐轮"，这一部分密宗比较讲得清楚，你看名字就懂。所以人要得大乐，是气脉全打通了，尤其顶轮气脉打通，人整天都在乐中。凡夫的快感都在下部，欲界众生的阴阳交媾，男女交往的一点快感，那很粗糙。顶轮脉打通以后，日夜在快乐中。所以佛家讲禅定，有离生喜乐、定生喜乐。如果顶轮气脉没有打通，是不可能得乐的！我们说这个乐，是有无比的快感，快感到了头发尖上去了。如果人到了这个乐境，世界一切的快乐都不在话下，都很低层，看都不要看。

祖窍在哪里

讲了半天，祖窍在哪里我也不知道。介绍了那么多都是窍，窍就是有个孔有个洞，这个洞在哪里？譬如很多道家，你叩了头拜了门，还六耳不同传，密宗认为祖窍是眉间轮这个地方。老实讲，还不在这里，不过差不多的部位。所以中国人有守这里的，也有守两个乳房中间的，守肚脐、守海底、守背上两个腰子命门、守夹脊的，好多派！我这样讲你们都欠我，因为我每一次求法都要花很多钱才得这个口诀，不但花钱又叩了很多头，至少你们都欠我很多头。

每一家每一派都认为这个祖窍在眉间这里，我常常告诉你们守不得，年纪大血压高不要守上窍，女性不要守下丹田，守了都会出毛病。男女守中丹田没有关系。道家画两个连环圈中间一点，这个是中宫，不是绛宫。大部分守中宫的，出毛病的很少，百分之九十都对，中宫保养胃，肠胃好了绝对没有错。但是祖窍就在这里吗？不是。这个原始的元性祖窍究竟在哪里？有时候在心，有时候在脑。

169

所以我常说可以在大学里，把我们东方文化，包括印度、埃及的，专门成立一个生命研究所，研究如何控制生命。譬如前年有一个美国朋友，天天到我这里来练身体，一身都是病，又有癌症，西药吃得很多。我给他吃些中药，开始还很有效，慢慢吃惯了也没有效了。我说，你呀要病好，要跟太太分房，完全停止淫欲关系半年，好好吃药。他说，那我不是变成植物人了吗！但植物有情感没有冲动。

植物人是上了氧气，没有脑死，可是人等于死了。主要是脑的记忆、思想活动都没有了，这个里头值得研究了，现在科学还没有达到这个地步。真的人定不叫做植物人，真得定那一下，人就变成跟天地通，这是顶天立地。所以修定那个境界要气住脉停，就把前后脑的气脉充满了，充满了怎么样？念头不能动。念头乱动时气不能住，因此佛家道家要修到止息，真做到止息，做到了气住脉停，你命功就有把握了。今天我都讲得很直白，道理方法都在内了。如果你要我迷惑你，传个方法守这里守那里，乱七八糟到处都可以守，我坦白告诉你，那手指头也可以守。

所以这个祖窍，可以说祖窍无窍，这是我个人经验。我当年在西藏修密宗，他们说往生一定要从头顶上走，我说那太笨，那是修道学佛不到家的人才会这样说。有本事的从哪里走都可以往生嘛，真的！十万八千个毛孔，哪一条路不跟宇宙相通？所以任何一点都是祖窍。这个祖窍不可守，你要打坐守一个祖窍，你就糟了！尤其身体，你把思想注意在那一部分，气血跟着思想就向那一部分集中，这一部分就自然有特别的感受。这个特别的感受，一般人没有智慧，都认为这个有效果呀！这个气脉动了！你注意力天天集中手背，这个手背就会变胖一点，因为你注意力在那里，气血就向那里集中，这不是道。以佛家的话来说，叫做系心一缘，把自己杂乱的思想，用某一个焦点把它统一起来。但统一以后仍要做功夫，不能老停在统一。当你不守窍时，气脉自然会通，这个就要参考丘长春的《青天歌》了。

丘长春的《青天歌》

《青天歌》讲得很清楚："青天莫起浮云障，云起青天遮万象。"修道最后是这样，自己把身心放下全空了，反正这个青天一片云都没有，一个杂念也没有。"万象森罗镇百邪，光明不显邪魔旺"，好的天气，天上一片云都没有，森罗万象都在这个天地笼罩之中，等于一个大的镜子照一切东西。假使我们这里一个大镜子照全堂的人，每人影子都在里面，镜子只是反映现象，这样叫做青天，叫做无念，叫做清净。万象森罗就镇百邪，看不清楚就是邪魔，有阴暗就不行，光明不显就邪魔旺。"我初开廓天地清，万户千门歌太平"，所有气脉自然都打开了，只要一动念要守窍就不对了。"有时一片黑云起，九窍百骸俱不宁"，有念就有动，有念有动你还在里头运功，把下面海底连大便的气都向上冲了，又转来转去，那头脑能不昏吗？所以每个修道出来的头脑都越来越昏，大小便的浊气上来，叫做大小便中毒，这个浊气不能引上去的。"是以长教慧风烈"，所以要修到智慧。下面我都不需要讲了，大家自己研究一下就通了。

丘长春是元朝道家北派的祖师爷，《七真传》里最小的一个徒弟，后来成为创宗立派的祖师。民国初年的同善社，一直演变到现在所谓的一贯道等各种什么教，都是丘派门下衍化出来的。丘长春最有名的《青天歌》，道书里面有，同学说找不到，后来一个机缘在台北故宫博物院找到了，还是那位朱同学的功劳。"青天莫起浮云障"，第一句话就是祖窍所属的，心中一念都没有，一片青天一样。

密宗叫你观中脉蓝天，就是这个青天的蓝。我很怀疑，到底密宗是道家传过去的，还是道家是从密宗传过来的？这个学术的根源很难判断。

认清主与臣

现在我们回转来继续看注解，"**精气为臣，严立堤防，前后左右，遏绝奸邪**"，他说我们一点灵明不动，就一念清净。祖窍在哪里？不在内外，不在中间，不在任何一个部位，而无所不在，就在这个身体里。这个时候自然你就清楚祖窍了。真到这样，依佛家来讲是万缘放下，一念不生时，后天生命中的精气自己在成长，老也没有关系，只要这一口气不断，仍会成长，比年轻时慢，要耐心去修。老头子老太婆们，照样可以把握，就是要静，要万缘放下，一念不生。所以这个一点祖窍灵明，一灵不昧，要静要定。为什么要打坐？因为静定久了，精气就会生长，生生不息。

有些人修到气脉动了，身体也跟它摇起来，非要动不可，这已经走岔了，所以冲关通窍，气脉发动时不要理，就是"**精气为臣**"的道理。你一念灵明不能做主，反而让你的脉做了主，君不成君，跟着臣在转；在禅宗来讲，你不能做主，跟着宾在转，因为这个生命精气神是宾；依佛家来讲，你是跟五阴里的受阴在转，一般修道的都跟着感觉跑，不能了解"受即是空，空即是受，受不异空，空不异受"。所以这个时候要注意，尽量让一点灵明做主，青天莫起浮云障，身上气机精气就发动了。因为"**精气为臣**"，要听你的指挥，你不要跟着它跑。

"**严立堤防**"，精气一发动，精神旺盛起来，我们世俗的欲念就来了，想跑去玩玩；实在不玩的，像我们吧，这个时候会多看一点书，还是把它消耗掉了。这还是不对，所以要严立堤防，像赚钱一样，越赚越多。"前后左右，过绝奸邪"，像是一个真命天子在上，前后左右小人奸臣等很多，但什么意见都不采纳，自己很明白，一心做主。

所以《参同契》的原文"岂非情主处外"，情就是精发动，气脉就是情动，这是外面，不要跟着气脉跑。"筑为城郭乎"，自己心境一念灵明，这个是主宰，不要管那个气脉。越不管它，气脉发动越快，通得越快。一般人气脉发动就跟着感受跑，所以气脉永远通不了。我几十年看得多了，修道家学佛的有些人临老还是摇。我曾讲过，当年在四川自流井，一个八十的老先生，大家都说他有道，可是他坐起来那个头就摇。后来我问他，老先生你这个修的是什么功夫啊？他说，我现在等于你们讲的走火入魔，还找不到明师，这一关过不了。为什么会如此？因为他是跟着受阴转，这一节通不过身体就成这样。他的思想感觉，把自己捆得太牢，就不能做主了，气脉反而变成毛病。所以要青天莫起浮云障，这个气脉是浮云一样，你不要管它，自然就通了。

不动不摇

"堤防既固，主人优游于密室之中"，一念灵明不昧，佛家叫正觉之性。密室并不是身体里有个秘密之处，因为不是固定的部位，所以叫做密室。《易经》上孔子讲，"放之则弥于六合，收之则退藏于密"。如果有个密室，一定会找得到，真的密是无所不在，就在你那里，可是你就是找不到，这就是密室的意思。

"不动不摇"，如果气脉动了，不要跟着感觉跑，自己做主的一点灵明"不惊不怖"。有时候气脉发动到心脏，或者到别处，自己觉得好像要死了；像我的经验，反正迟死早死差不多，不理它就过关了。所以不惊不怖很重要，有时候那些境界来了会吓死人的。所以修道你们不要玩，我劝你们年轻人不要好奇，这个事情要大勇猛，也要大智慧。所以《参同契》中告诉你："故曰，城郭完全，人民乃安。"这个城郭自己要打好堤防。这个堤防是什么？就是做主的心念自性，性功就是命功。

"始而处内之性，已足制情"，气脉怎么变化都不管，不动摇。这个时候是本性一念灵明，青天莫起浮云障，一念动而不动，生而不生，那么"已足制情"，就制服了这个气脉。所以情来归性，真到达了一念不生。"既而营外之情，自来归性"，慢慢这样下去，气脉安定了，回到本性的范围，这个时候就是大定。禅宗其实也讲功夫，有时候是宾做主，气脉发动的时候，主人在那里看住不动，看你这个客人怎么跑，你跑来跑去，终归不能住在我家里，所以来者不迎，去者不留。这里也用到"宾主互参，君臣道合"，临济用"宾主"，曹洞用"君臣"。

"此为坎离交会，金丹初基"，坎离交会叫做正统丹道，所以情来归性，真到达了一念不生，才是金丹的初基。"立命正所以养性也"，立命的道理命功的初基，也就是性功。性命是双修的，命功到了，性功也就自然到了。这个身上的气脉动，转来转去冲到这里那里，如果你一天到晚注意那些气脉，当然会生病。所以不管怎么样转动都不要理，那样不到一个钟头你气脉都通了。气脉之所以打不通，就是你跟着气脉跑，结果弄得肝又难过，胃又难过，你怎么不难过啊！

宇宙间有静吗

　　前面讲到性命真修的方法，现在接下来的原文，讲的是境界。"*爰斯之时，情合乾坤。乾动而直，炁布精流。坤静而翕，为道舍庐。刚施而退，柔化以滋。*"这里有几个名词，我们以前也讲过"性"是人的本性。"情"就是指一切妄念，及生理方面的影响。中国的道书把性情用先天的"乾坤"代表，后天就叫"坎离"了。"*乾动而直*"，乾卦是代表宇宙生命的本体，代表天。《易经》有一句话，大家都很熟的："天行健，君子以自强不息。""天行健"就是乾卦所代表的这个宇宙本体，它永远在动在行，"健"就是永远没有休息。

　　我们讲到"乾"，特别提出来，过去曾有很多学者，包括胡适之他们，认为中国文化的宇宙观是静态的，所以一般学者都学养静，讲究静的哲学，结果就害了这个民族，永远没有进步。这种主张的前提大有问题，因为中国文化哲学思想并不认为宇宙是静态的，从《易经》开始就说宇宙是动态的，恒动。假使宇宙有个静的话，乾坤息，天地就停了，所以说是天行健。这个宇宙天体永远在动，不断地动，没有一个真正的静态。换句话说，大动反而觉得是静，不觉得它在动；我们坐飞机坐车子走得太快了，只看到外相在动，自己觉得很平稳，是这样的一个静态。也就是老子所讲"大音希声"，声音太大了，也听不见了。乾卦的动是如此，我们这个身体生命也是这样。那么你说打坐入定的时候，气住脉停是有个静相，是不是气真住了，脉真停呢？不是，只是动得非常缓慢，还是在动，动的情况不同了。现在解释这个乾卦的本身是永恒的动，而且是直的动，走的是直线。

认清情来归性

修道到了纯阳之体就是纯"乾"了，所以吕纯阳的名字就是取这个意思。到纯阳时元气充满了，"炁布精流"，没有一点不充满。乾卦的相对作用就是坤卦，乾卦的动是向外面发展，坤卦的静是收缩进来，一呼一吸。"坤静而翕"，坤卦到了静态，六根大定，好像六门都关闭了，它是收缩的，身体到了所谓情来归性了。这个时候我们这个肉体是"为道舍庐"，舍庐是这个房子，道的根根，也可以讲是个锅炉。修道是把性命两样东西，重新投入到炉鼎里头，再造乾坤，等于经过一个化学的整理后，又产生一个新的生命。这个境界"刚施而退"，阳刚之气，坚硬的都化掉了，"柔化以滋"，统统变柔软了。

这里要说明一个道理，这是讲功夫境界了。常常有人问，打坐修道修得蛮好，反而容易感冒，对气候非常敏感，身体好像越来越弱了。你要注意老子的话"弱者道之用"，是有这种现象，反而变弱了，变柔软就是道之用，是进步的现象的一个过程，不会永远弱下去。"反者道之动"，有时候同静相反，这个原理需要了解。

这一段原文，完全讲情来归性，讲性命的根本那个境界。"此节，言后天返为先天也"，就是后天的性情归到先天一体，先天两个代号就是乾坤。"后天坎离，即是先天乾坤"，后天代号叫坎离，坎属于水，离属于火。"只因乾坤一破，性转为情"，我们本来在娘胎靠脐带呼吸，脐带一剪断以后，乾坤破了，性转为情，呼吸也靠鼻子了。所以算命要确定时间，就是脐带一断，哇一声一哭，这是最准确的时辰。普通说算命的算不准，难得有准的，因为时辰已经不大准了。就这一下，"性转为情"，先天之性转成后天生命的妄想。

"从此情上用事",于是这个思想这个情做主了,学佛的说第六意识做主。所以"随声逐色,不能还元",六根都受外界影响,不能返本还元。修道是要使它回去还元。后天生命坎离所代表的,是神与气,水与火,你说神气同水火什么关系呢?所谓水,因为气充满了以后,玉液还丹,金液还丹,那个所谓甘露滋润就是水的气化来的。所谓神,普通是两个眼睛的神光,这还是第三重,真正的神是心光,是心地智慧的光明。但神气两者,如何凝结拢来成丹呢?他说,就是我们修道功夫到了情归于性。"至于两物会合,城郭完而鄞鄂立",这个时候等于我们身体坐在这里像一个城墙,城门都关闭了,内不出去,外不进来,像达摩祖师讲功夫的话,"外息诸缘,内心无喘,心如墙壁,可以入道"。那就是"城郭完而鄞鄂立",外界一切进不来,色声香味都进不来,内心呼吸充满了,不需要呼吸。心如墙壁,就像城墙一样搭好,外面打不进来,内面也不出去。可以入道,这还不是道,只是基础而已。

这个道基建立了,所以道家说百日筑基,修道人常在这个境界中。现在他明讲这个时候"则情来归性",那当然没有妄念。学佛的人拼命想断妄念,却断不了,因为用心断妄念,那个用心本身就是妄念,所以断不了。"情来归性"是妄念自然不起,不是压制下去的,它的现象是气住脉停,就是达摩祖师所讲的四句。在道家讲,这个境界是七情六欲自然不动。但是这没有到家,只是初步,这时"离中之阴,复还于坤,坎中之阳,复还于乾矣。"这个离卦,离中虚,外面的两爻代表阳,中间有真阴之气,等于太阳中间有黑点。离中的阴,这个时候思想自然宁静,清净没有妄念。没有妄念的那个境界是坤卦的纯阴,纯阴不是坏,而是好得很,纯阴就宁静了。

所以离中之阴,也就是阳中的阴归到一个大阴沉的境界,就返归于坤。坎卦是从坤卦这个地来的，在身体上，一般人讲气脉由海底起，丹田以下都是坤。坎中满，中间一阳爻，坎中的阳气，就是身体内部由下面上升的一股阳能之气，阴中的真阳返归于乾，升到顶。升到顶之后，前脑后脑一切脑细胞都归位了，非常宁静，脑子里头没有杂乱的思想。修密宗，真正的密宗（真正这两个字，是否认其他的），修到中脉通了，顶天立地，与天地合一了。所以坎中的阳气"复还于乾"，归到乾阳。在显教的佛学，就是修到四加行"顶"的境界。暂且不管教理上理论的解释，这个可是实际的功夫，这有形有相。如果我们拿道家的东西来解释佛家功夫的话，"暖"就是"离中之阴，返归于坤"；"顶"就是"坎中之阳，复还于乾"。不管你怎么反对，说这是道家那是佛家，天地真理只有一个，随便你是哪一教哪个功夫，真证到时是一样的，不是两样。人总是一个人嘛，人总是有鼻子眼睛。

专一就是静

原文这一节开始的两句话，到这里解说完了，所以"故曰，爰斯之时，情合乾坤。乾性至健，静则专而动则直"，拿《易经》来讲，乾卦代表纯阳之体，永远在动，是生命的动力。所以天行健，乾是至健，是不死的。当乾卦静态的时候，实际上没有真静，因为它动得快，看它好像不动。什么是静呢？当我们身心专一的时候，才感觉到静态，其实那是不是静态不知道。所以"静则专"，换句话说，专到极点才做到静。入定也是那样，所以系心一缘就能入定，心散乱不是定。你打起坐来，觉得气走到那里，哎哟，通了！那你根本在乱！所以庄子叫这个为"坐驰"，坐在那里开运动会。真正的静，庄子还有一个名称叫"坐忘"，忘记了自己在坐，那就是静，是专。能够做到静且专的话，乾卦阳能发动得就快。

我们做功夫的真到了这个境界是什么状况呢？"**一点元神，为精气之主宰，至刚至直，而不可御**"，这个时候气脉真正贯通，密宗叫打通了中脉，道家叫冲脉。有人著书，拼命骂道家这个冲脉不是密宗的中脉，好像中国的总比外国差一点，也比西藏自治区的差一点，非常可笑。这个冲脉所谓冲，它不只是在身上冲，而是一片天人合一的境界。这个脉打开，一点元神宁静到极点，定到极点那个力量，会使得全身的气脉统统充满。你的手脚指节，连每一根头发，都有力量；这个力量不是打死人那种，而是一种充满。到了完全专一时，一点元神就做了精气的主宰，"**至刚至直**"。刚是阳能之性，所以充满而且是直。

常有人问，打坐时勾腰驼背可不可以？当然不可以！但是年纪大身体不好，就只好自然些，不要一定挺起来，那样非受伤不可。等到那个阳气发动，你要弯也弯不下去，这个精气神，就是孟子那句话"浩然之气，充塞于天地之间"。孟子那两句话，如果不拿功夫来讲，是难以解释的。所以它是"至刚至直而不可御"，要盖也盖不住，要停也停不了。

乾动坤顺的变化

"**故曰，乾动而直，炁布精流，此言元神之立为鄞鄂，即所谓乾元资始者也。**""**炁布**"就是分布，达到每一个细胞；"精流"不是流出，是自己晓得内心一切变动都是幻。"乾元资始"四个字是《易经》乾卦的象辞，是孔子的话。"乾元"代表宇宙万有的根本；"资始"是说宇宙万有的生命，都是由乾卦原始功能分化出来的。宗教上把乾卦叫做上帝叫做神叫做主宰。修道到了这一步功夫，"立为鄞鄂"就是心如墙壁，可以入道，"即所谓乾元资始"，这是说修道的基础才建立才开始而已。所以不要认为这是到家了，不过真正到达这一步的人，现在不晓得有没有，我是没有，你们诸位各路神仙有没有到，我不知道。

再谈下一步，现在还在第一步功夫。"坤性至顺，动则辟，而静则翕"。修密宗道家的人，认为气脉打通不得了，你要问他气脉真打通以后怎么样呢？他就瞠目不知所云。气脉打通了没有什么了不起，问题是气脉打通之后下一步怎么办？应该怎么办不知道。气脉打通不过是"乾元资始"而已，到这里正好开始修。

现在讲到空的境界，讲到我们身体上来了。"坤性至顺"，你研究《易经》很有意思，乾代表天也代表原始，代表丈夫；坤卦代表老二，代表妇女。这个坤卦，"利牝马之贞"，我们读《易经》，每个字都要留意，因为上古的每一个字包括很多的观念。牝马是母马，那公马就没希望了吗？所以卜卦卜到坤卦的时候，如果女的卜，哎呀好啊！如果妈妈卜更好，因为是母马好嘛，公马就不行了。牝马干什么呢？母马是跟着公马走的，所有的动物，不管牛群羊群马群到了晚上休息的时候，自然的，母的都到里头去，公的都在外面巡逻，要保护母的。所以诸位回去要多爱太太，不爱太太是不合理的。那个领头的公马一走的话，母马就跟着。这个《易经》每一个比喻，你要把它性质研究透了，那你差不多对它的象就有所了解了。现在讲到坤就是这个现象，"动则辟"，母马性也非常刚烈的。一个女性，你看她弱不禁风，如果没有丈夫男人在旁边，你要抢她的孩子，她那个凶劲比老母鸡还要凶！什么都不管，天地万物唯母最强，就是母爱，她要保护小的生命。

所以这个坤卦的性情性能是"动则辟"，不动则已，一动强烈得很，哗！门打开了。"静则翕"，一静就像花一样收起来结果。翕就是吸进来，辟就是呼出去。这个代表什么呢？我们真正一念不生全体现，气脉完全打通的时候，乾中的"真炁流布"，当然神光焕发，身体上坤卦收拢来，气向内走了。讲句老实话，只要你做到了就是神仙，做不到就神颠了。所以修道要小心，搞不好就神经了，神通跟神经两个是邻居。

玉液还丹后怎么办

乾卦在上，坤卦在下，"乾中真炁流布"，一路下来，玉液还丹，在佛家来说就是真正的秘密灌顶。那不得了，玉液还丹了，甘露是真炁，流布全身，那是真的。"坤乃顺而承之"，里头自然吸了。"一点元神，絪缊化醇"，到顶以后又下来，这个时候入定了，酒醉了一样，老母鸡抱小鸡一样，动都懒得动，温暖得很。假使外面大雪下到你身上，都堆不起来，因为三昧真气来了；但是棉被把你包起来，也不觉得热。

"絪缊"好像做焖锅饭，饭快要煮熟了，气焖在里头，那个现象就叫絪缊。"化醇"，身体内部百脉都在变化，上次发的丘长春《青天歌》上有"惊起东方玉童子，倒骑白鹿如星驰"，就是这个境界。不过絪缊境界他这里没有讲清楚，这个时候下来这一点元神不是有相的，他是形容。如果你说打坐到了这个境界，一点亮光又黄又亮在肚脐中间，你又错了，学佛的叫做着相，修道这样也不对。你说没有这个现象吗？他确有这个现象，所以难在这个地方，这就要智慧了。

"韫养在中黄土釜"，就在中宫这里，中黄土釜里，这个神气是两个连环圈，道家是用个葫芦表示。葫芦两层，中间缩进去，下面一圈，上面一圈；密宗用宝盒，莲台也是双层，这个身体也是双

182

层，就像葫芦一样。所以"中黄土釜"，脾胃属于土，"釜"就是饭锅、炉鼎。有些道书也叫做中黄神室，这个时候中黄神室充满，但不是肚子大啊！有些人打坐或打拳，肚子变得大大的，打坐又弯腰，以为是功夫，我叫这个是虾米包西瓜。有些画上的神仙是那样，因为画家是外行。所以到了中黄神室充满，腰围一定细了，不管你怎么胖，这是必然的。

"故曰"，所以说，"坤静而翕"，就收吸进来，"为道舍庐"，外面六根不动一念不生，情来归性，身体内部气脉打通了。到了这一步是明心见性境界，气脉一定通，气脉不通不会明心见性。这个时候，青天莫起浮云障，所以自然有这蓝天之相，境界里头自己看到万里无云，不用抬起眼睛看，就是闭着眼睛也是一样。但是你不要认为得了道，还早得很，这还只是基础呢。

你看他们两位外国同学，昨天还在美国，现在坐在这里，觉得没有动过。昨天在美国，现在在这里，他眼睛闭着打坐，无所谓美国，无所谓中国，世上虚空本来平等不动嘛。你心不动念，相似于十方虚空平等，这物理世界虚空没有动过，这是一层道理。第二，佛说的八风："利衰毁誉，称讥苦乐"，统统扫空了以后，虚空没有动过，物理世界不动，因为物理世界本空。心理的觉性平等也本空，你那个知觉之性，并不是物质的虚空。一般学佛学道的人搞错了，看眼前的虚空，认为这样愣住已经空了。你看的是物质世界的虚空，这个虚空里面还有东西，你自性的虚空同这个现象一样，也是空的，但这是两样空，不是一样。所以不要把有相的虚空当成自性空，佛交代得清清楚楚，我们也一定要搞清楚。但是自性空也好，物质空也好，本来就是平等不动。

第七十四讲

元神之根——坤元资生

刚才讲到"此言元神之本来胞胎，即所谓坤元资生者也"，他说这里所讲的就是我们后天生命这个元神。元神的根本，比喻像婴儿在胞胎一样，婴儿入胎的时候"即所谓坤元资生者也"。"元"是宇宙万有根源，"资生"是帮助你生长。我们这个《易经》，是老祖宗几千年来的学问，高明得很。现在讲坤元就是胞胎，这也是科学的，虽然没有那么详细，然而很对。他说，"元神之本来胞胎，即所谓坤元"，就变成我们这个肉体生命。这个"坤元资生者也"是这个"坤"的作用，阴的作用。纯阳不生，纯阴不长，一定要阴阳两样合拢来。

我们这个身体要返本还元，还得从这个上面锻炼。这个时候坤元静极了，佛家叫做气住脉停，韫养化生另一重生命。不能叫第二重，已经好多重了。"乾父刚而主施，不过施得一点真气"，乾卦阳气是属于父亲，"刚而主施"，就是放射出来。其实施个什么？不过施出一点真气，不是精虫，精虫只是个现象。而真气是推动精虫的后面那个生命力量，这个东西道家叫做真气。我们用现代话来讲，没有别的名词，只好叫它生命能。

"坤母柔而主化"，坤卦属于母体，母体是柔的，主变化不已。"须在中宫"，所以在这个中间而"时时滋育，方得成胎"，时时在培养养分，必须要借住母胎。待胞衣一破婴儿生下来，脐带剪断，胞衣就不要了，胞衣归胞衣，身体归身体了。所以一层一层化生，懂得这个化生也就懂得修道的程序了。

所以他说《参同契》的原文"故曰，刚施而退，柔化以滋"，那个阳刚到了最高的顶要退。所以有时候观想头顶以外那个最高处，光明放射以后，不能尽住在那个境界。"柔化以滋"，到阴境界来了，什么也没有，光也不光了，身心柔软，极阴的境界来了，不过中间一点灵明。这个时候滋养，口水津液都下来。"此言坎离会合"，这叫做坎离会合，就是这么一个修道过程境界。

这不是你打坐光在那里梦想就能做得到的，你真要做功夫才行，老实讲，需要功德的培养，要修一切善，这个很要紧。功德是真的，绝不是骗人，我们大家读道书，所谓仙佛之道叫你修功德行善，这一部分都是马马虎虎看过去了。就算是功夫做到的话，功德不够善行不够，莫名其妙地就会把你破坏掉，破坏的境界多得很。如果你积极修满一切功德，不一定打坐也会到达，非常奇妙，绝对绝对不是骗人的。世上好多人学佛学道，这里求功夫那里求口诀，这里修一个法，那里修个法，以为悟了，得道了。如果功德不圆满，就算你那个道堆到蛋糕那么高，马上也就化掉，没有用。这个是绝对的定律，在这里我顺便讲到。

你做到坎离会合，"产出先天"的"元神"就是另外化身，禅宗来讲是恢复自己本来面目。产生先天的元神叫做"金丹妙用"，所以成丹不是说在肚子里头采丹，或者红的、方的、长的，如果真有这么一个东西就要开刀了。你说没有这个东西吗？有的，假使没有，或者你没有修成功，身体最终就会坏，人就必然会死，就是这个道理。

什么是九还七返

下面《参同契》的原文又加一段理论了。这一段我本来想把它跳过去，后来想想，还是讲一下，怕你们将来看道书，碰到这些术语名词搞不清楚。譬如说原文讲"九还七返"，有些外面传道家气功的，要把肛门提起来一转，要九转还丹，那是要命的事！什么叫"九还七返"？什么叫"八归六居"？什么叫"男白女赤"？还有"金火相拘，则水定火，五行之初"，这些你看丹经道书，随时碰到。尤其是现在的人喜欢著书，大多数的理解连一点影子都没有，为了出版销书，为了自己出名，都不管因果。现在我们看一下朱云阳祖师的注解。

"此节，言四象五行，混而为一炁也"，太极生两仪，就是阴阳，两仪生四象：太阴、少阴、太阳、少阳。四象生八卦，八卦的每一个卦又有八个卦，一共八八六十四卦。这是我们中国传统和《易经》对照下来所说的理论，讲宇宙生生不已的法则，永远在演变下去。五行：金木水火土，金是肺，木是肝，水是肾，土是脾胃，火是心脏，这是内在的五行。我们修道真正的元气归元了，学佛的讲是气住脉停，这个时候是四象五行混为一炁，这个是"炁"，不是气，不是呼吸的气。

上面讲到情来归性，坎离交媾，这个就是静定下来，气脉打通了。"坎离既复为乾坤，则后天之四象五行，无不返本还原矣"，水火回到乾坤，差不多要接近先天了，后天的四象五行复返，"返本还原"，各归本位。真正宁静到极点，你人坐在这里各归本位了，肺是肺，心是心，肝是肝，鼻子是鼻子，眼睛是眼睛，耳朵是耳朵，寂然不动，归本位去了。

"何以言之"，什么理由？"天一生水，地六成之，北方之精也"，这是属于数理了。"天一"是说宇宙万有的开始，太空中不晓得什么原因，有个旋转的力量，旋转形成一个气团。这个气也不是我们现在看到的云，只是一股力量在转动。慢慢这个气团先形成了液体，再不晓得经过多少万亿年，这个液体搅动，渐渐凝结成块的就成高山，没有冻结的就是海洋，平面的就是陆地，很久很久再慢慢出来人类。天一生水就是数理哲学，宇宙万有，一切万有，只有一个数就是"一"，没有二，二是两个"一"。"地六成之"，有形的就六合了，东南西北上下，六样合拢来，所以地六成之。有六有一，因此成七，所谓"九还七返"是这个意思，不是在身上转了七圈。"北方之精也"，天一生水，水属于北方。

"地二生火，天七成之，南方之神也"，两个一叫做二，地二生了火，就是地心有热能。刚才讲地六是东南西北上下。天怎么是天七？五行加阴阳就是七。天一生水，这是生命的功能，现在有形的变成七。地二生火，又倒转来了，天七成之，七加二得九，所以九还七返。九者是阳数之极点，单数是阳数。这个完全是用《易经》的数理说明。南方之神，所以思想都在身体南方（上方）的脑部。道家所谓"还精补脑"，天一生水能够补脑，长生不老，这是真的。人老了，精液也没有了，是脑下垂体荷尔蒙干枯，所以精神不够，思想也迟钝，动作不灵敏。能还精补脑，这个脑下垂体不再干枯了，就永远健旺。

"天三生木"后天第三层属木，木属肝，东方。"地八成之"，地下有八方，"东方之魂也"。在身体里，肝脏在右边，这个西医跟中医过去争得很厉害，认为中医不科学。其实中医所讲的左右，不是以肉体为标准的左右。他这个是假定的方位，而且他是讲肝气，并不是讲肝脏的位置，是说肝气的根根发动在左边。等于我们现在所讲的精气，肾脏明明在下面，他说是上面来的，天上降下来的，南讲北，北讲南，颠倒。实际上古书没有错，人体以背脊骨为中心，这个神经是左右交叉的，中医是治根，病在左者其治在右，病在右者其治在左，病在上者其治在下，病在下者其治在上，病象就去掉了。所以要融会贯通，大家不要有成见，要为人类的健康长寿而努力。

第七十四讲

189

"地四生金"，地在西方生出金来，金是肺。"天九成之"，天九到了极点了，阳数到了极点就是九，九以外没有阳了。"西方之魄也"，魄属于西方，所以西方叫金精。"水火木金为四象，并中央戊己土为五行"，这些代名词先搞清楚。"究竟所谓四象五行，只是坎离两物"，归纳起来，修道就是神跟气两样事，也就是坎离。

"坎卦从坤而出，北方之水属阴，本数得六，加以天一之阳，便合成七数。离卦从乾而出，南方之火属阳，本数得七，加以地二之阴，便合成九数"，所以叫"九还七返"，火归本位这一句话，假使你《易经》没有搞通，看丹经道书，以为又要转九圈打七下。所以有些着相的修道人，呼吸要吸几口，一定要向东方。我说北方不可以吗？北方还有不空如来呢！不要着相，这都是执着。

"今者北方之坎，返而归乾，南方之离，还而归坤，岂非九还七返之象乎。"你功夫到了这一步，各归本位，寂然不动，所以"北方之一，归于南方之七，共得八数。南方之二，归于北方之六，亦得八数"，这个我们不多介绍了。"而独云居者，盖北方之一，既归于南，止存水之成数，居其所而不迁，恰好六数矣"，都是在数字上做游戏。这个"岂非八归六居之象乎，又须知四象原是两物"，两样东西，卦名叫坎离。"既然九还七返，自然八归六居矣。故《悟真篇》单言还返"，到了宋朝以后，张紫阳真人著《悟真篇》，干脆把这个七七八八九九六六都拿掉，"单言还返"。他说这样一来，倒是把它赤裸裸剥得很清楚，"益见造化之妙"，可见这个天地造化的奥妙。

千变万化皆水火

"二与七并，配成西方之金，色转为白"，"二与七并"是五脏六腑都归位了，所以你坐起来，开眼闭眼，"色转为白"，一片光明，不仅是头顶光明而已，自己整个身心内外成了琉璃光体。所以有一个琉璃光世界，东方药师琉璃光，如来就叫做延寿佛，那你当然长生不老，当然延寿了。

"一与六并，配成南方之火，色转为赤。白属金，赤属火，取西方之金，炼以南方之火"，这还是靠这个气锻炼，火代表热，火也是意，所以道家有两句话"开口神气散，意动火工寒"，意就是杂念，一念不生就是温火烹煎。意念一动，火工就没有了，一开口神气也散了，丹就炼不成了。

"故曰，男白女赤，金火相拘。天一之水，从乾宫而出，原是太阳真火"，从上面来到下面，原来是太阳真火。"地二之火，从坤宫而出，原是太阴真水"，所以修密宗拙火要修到下面发动，从坤宫来。所谓灌顶，金液还丹，玉液还丹，顶轮脉打通就能够降下来。"直到一返一还"，上面甘露下降，下面真阳元气发动了，也就是三昧真火发动了，最后"方得以水归水，以火归火，复其原初本体"。这个时候可以不饮不食了，不吃东西没有关系，里头所谓自有源头活水来，不喝水也没有关系，中宫的元气永远充满。这个就是原初本体，也就是情来归性，真正定的境界。所以，"故曰，则水定火，五行之初"。"前云金火又何以云水火。"到这里何以叫做"水火"呢？就是因为"盖后天造化之妙，只是一坎一离，而千变万化，各异其名，以言乎坎离本位，则曰水火"。注意啊！道书讲来讲去许多名词，只是两样东西，性与情、神跟炁、心跟身，以及坎离、乾坤，还有什么水火金木一大堆。你们没有学过《易经》，所以就搞不清楚了。

"以言乎两弦之炁，则曰金水"，以每月阴历的上半月下半月做代表。"以言乎甲庚之用，则曰金木。以言乎伏炼之功，则曰金火，颠倒取用不可穷诘。"道家书上代名词太多了，说到金木叫做庚甲之用，道家有一派专修甲子、庚申，有一派还很怪，六十天当中，碰到甲子或者庚申，说是天人下降，村庄的人都不敢施肥，因为肥料是厕所中来的。这两个天干是最重要的，其中有个妙用，我们现在没有时间讲了，讲到阴阳五行那个学问再说。

"究只是水火二物"，究竟只是一个水一个火。火是打坐热能发动，密宗讲拙火，就是三昧真火动起来，在显教就是四加行得暖。水呢，就是灌顶甘露来了，佛经上就叫做醍醐灌顶。"后天水火，虽分二物"，这个叫后天的水火，虽然分成两样东西，"究只是先天一炁。坎离既已复为乾坤，即此便是九还七返，八归六居，而化作先天一炁矣。"到了这个时候，返本还元了，总而言之讲了半天，就是一念不生，归到清净，身心气脉起了变化。这一步到了以后，下面再作讨论，再说怎么样修。

这一部《参同契》里所有的方法，前前后后都透露完了，大家不要去另外找老师，这部书就是老师了，研究一万遍十万遍，你就通了。有许多秘诀，有时只讲一句，下面不说了，又在别个地方再讲一句。你把它一对起来，全部口诀都懂了，再用心去研究。

大丹的基础

接下去是《参同契》的原文："上善若水，清而无瑕。道之形象，真一难图。变而分布，各自独居。"这里是引用老子的话"上善若水"，这句话包含体用两方面；包含做人的行为，也同时包含修道。所以说，经典的著作，一句简单的话包含多方面。现在他引用的是道家做功夫这一面来说的，上善若水是绝点纯清，没一点瑕疵的。这就是道体的反映，不能说这就是道体，是我们后天生命中的这个道。原来的本体，谈不到若水不若水，修道第一步功夫是做到"上善若水，清而无瑕"。道的形象就是"真一难图"，难图是很难把这个表达清楚。我们引用禅宗的一句话："万法归一，一归何处"，道家不谈一归何处，而是说至真，也就是至一。那么这个道，所谓真一，就牵涉到天一生水，又有《易经》的数理在其中了。"变而分布"，一切都是由这个一变出来的。"各自独居"，然后就分布开了。这个原文大致如此，不用我们的意见来解释，还是采用朱云阳祖师的意见。

"此节，言先天一炁，为大丹之基也"，我们一般人修道都想要修到有个东西来，可是道体本来没有东西，佛家叫它空，道家叫它清虚，是指道之体，宇宙万有都属于这个体的变化。这个观念同佛家一样，在佛家说来，一个人成佛要证得三身：法身、报身、化身。法身是体，不生不灭，不垢不净；报身是万象，宇宙万象各有一个报身，体是一个，变成了万有以后各有一个报身，也就是色身；化身是法身变化出来的，有千百万亿化身的不同，成佛叫做应化身等等，很多的名称，就是有一个实质的身体。道家改变了三身的名称，成为"一炁化三清"，都是这个炁的作用，变化出来就化三清。三清就是太清、上清、玉清，这同法报化三身同一个道理。譬如说基督教，一切宗教，最后的哲学都有点相同，所谓上帝天父、圣子、圣灵是三位一体，也是这个道理来的。

至于我们后天这个生命，来来往往的是报身，要如何修道呢？必须要得到"先天一炁"。先天一炁是由道体上来，没有什么办法形容，所以叫它一炁。无火之谓炁，下面四点是火；没有米字这个"气"，等于说虚空里头空气，大气层这个气。"先天一炁"不是空气的气，不像风不像气流，勉强来讲，只能说它是个能，生命的能就是"先天一炁"。"先天一炁"到了才能够结丹，大丹。

虚无不是虚空

练气功的人，把呼吸之气在身中练来练去。还有些修道的人，把呼吸之气配合上"意"，转到身上有了感觉跳动，认为气发动了，那个并不是气发动了，同先天之炁差远了。结丹成道不是这个东西，而是要先天一炁才行。别的道书上说得很明白，"先天一炁从虚无中来"，结果有人练气功拼命对着太阳，把虚无解释成虚空，从虚空观想一个气进来，一个光进来。密宗这类很多，道家也在搞这一套。那么从虚空中观想一个气进来与身心合一，是不是先天一炁呢？虽然不是，但是比练身体上的感觉好一点点。

我们再清楚地讲，不论佛家、道家乃至世界上各种修炼法门，都不出炼气的范围。譬如说密宗的人念咒子出声念，或者念佛的人也出声念，可以念到一心不乱，也成功。但是老实讲，这些方法都是在炼气，只是比炼后天呼吸之气好一点，是专一的气，还没有到先天一炁。譬如说有些人守窍观想，这是炼神；譬如说修戒、定、慧，规规矩矩修止观，乃至修白骨观，修各种观，各种道家的功夫都是炼精。这些方法对不对呢？都不对，但是也都对，锻炼身体祛病延年是有些效果。其实连运动都有效果，打拳也好、跑步也好，都是在炼气，这都是有形的。但是结丹不是这个，不过同这些炼精、炼气、炼神的炼法，都有密切的关联。偏向于任何一点都不对，能够融会贯通起来都对。

先天一炁从虚无中来，并不是从虚空中来，要注意啊！你心念越空得掉，身体的感觉、知觉就越清净越放得下，慢慢这个先天一炁自然发动。所以先天一炁从虚无中来，你要修通气脉，转变色身，并不是做什么稀奇古怪功夫。所以先天一炁到了，"为大丹之基也"，就可以结丹了，这是了命的第一步。

来自虚无的先天一炁

"盖道本虚无，始生一炁，只此一炁，鸿蒙未分，便是先天真一之水，非后天有形之水也。"这里解释修道这个道，道体本来是虚无，佛家讲空，本来空的，由真空而生出妙有。本来是寂然不动，就是《易经》上所讲"寂然不动，感而遂通"，一感就动，这个先天一炁动了"始生一炁"。这个一炁的境象来的时候，有个专门名称叫"鸿蒙"，天地鸿蒙。鸿蒙两个字很难解释，跟混沌差不多，像春天二三月间那个细雨时候的境界。从前有人出个对联"细雨湿衣看不见"，这个下联很难对，结果有个青年人一下子就把它对起来了，"闲花落地听无声"。一朵花开久了掉下地来，听不到声音，把中国方块字变成一个艺术的画面。现在讲鸿蒙，等于说暮春三月，草长莺飞，天气温暖，人的身体都懒洋洋的，脑筋都不大动，只想睡觉——春困。换句话说，湿度非常高，鸿蒙境界人就是倦，是疲倦那个倦。疲是疲，倦是倦，不同的，现在年轻人不管这些了。

所以先天一炁要搞清楚，先天一炁从哪里来？从虚无中来，越空越有。在佛学讲"真空妙有，妙有真空"，也叫做"性空缘起，缘起性空"。先天这两个字要注意，什么叫先天？孔子解释《易经》乾卦，我们上一次提到过的，"先天而天弗违，后天而奉天时"，这个天地是没有办法违背的，那个本体的力量叫先天。我们现在的生命及一切的万有，都算后天。先天没有一切，本来无一物；后天呢？"奉天时"，要顺应自然，本体功能的规范不能违背。太阳一定从东边上西边下，每天一定是上午、中午、下午各有不同。

先天一炁从虚无中来，你越空得了，身心感觉越放得开，就越接近于先天，这个时候就有真的炁来。这个不能叫它一炁，《老子》里头很少用这个字，而是说"有物混成，先天地生"，这个东西不是自然科学物质的东西，它有股力量，无形无相，在佛学叫做业力。业力不一定是坏的，成佛成仙是善业修成功的力量，一切凡夫众生是因为恶业力量，所以在六道轮回受报应。学佛修道也在造业，造的是善业，绝对的善业才能成功。

当这股力量来了，真空中生出妙有，但是就算你先天一炁来了，一般人没有佛家所谓戒定慧的修持，也是徒然。普通人先天一炁从昏沉中来，你睡够了醒来的时候，将醒未醒之间，它来了，你不觉得。一来了以后，凡夫第一步欲念就来了，就入了欲界，把先天一炁糟蹋了。再其次的，你在将醒未醒之间，或者生重病，病快要好时是先天一炁来，这个东西来了，就是生命的功能，你的病一定好。可是你不知道，自己体会不出来，认识它很难，因此修道的人，万修万人都不成功。先天一炁随时会来，换句话说也就是活子时，冬至一阳生就是这个东西，也可以叫阳生。现在进一步讲，阳生有个现象，这个时候你自然有一种春意，生命的春意，就是先天一炁。什么叫春意？就是春天万物都在发生，有一种生发的力量。当这个先天一炁来了，学佛也好，修道也好，都要把握住这个境界。

混沌　昏沉　鸿蒙

他说这个先天一炁是"鸿蒙未分"，阴阳都没有分开，而这个境界一定是有一点混沌的状态。对了，趁这个时候答复本院一个出家同学，你在日记上提到，一个人得定，住在那个混沌的状态，同昏沉的差别在哪里？你问得好极了，一般人打坐，就是两个境界，一个昏沉，一个散乱。昏沉分两种，大昏沉像睡眠一样，有些人打坐没有坐好，身体弯起来，肚子大大的，好像一只龙虾里头装了一个西瓜一样，身体变成这样就不对了。真坐得好，身体一定是端正的，你看每一个菩萨像，坐姿都很端正。一昏沉就不行了，这个身体，这个气——不论先天一炁也好，后天一炁也好，就支持不住，所以就弯起来，这样就会睡觉了。

有些人坐着好像没有念头一样，实际上是在昏沉，那很严重。譬如我们念佛的时候，念到昏沉了，好像佛号也念不起来了，就没念佛了。你要搞清楚自己是不是在昏沉中，如果自己昏沉以为是入定，以为自己在修道，以为自己在好境界，你的果报是走入畜生道的。这样越修脑子越迟钝越无智，而且越懒，懒得动脑筋了；慢慢也不想记事了，以为自己这个是空，其实是大昏沉。细昏沉就是打起坐来，好像自己也知道，实际上不大清楚，迷迷糊糊的做不了主，这算不算睡着了？没有，别人讲话自己还听见，这是细昏沉。细昏沉搞久了以为是入定，那个果报也是同样，所以要搞清楚。

其次是掉举，大的掉举就是散乱。我们普通人就在两个境界里过一辈子，千生万劫都在这里头转，不昏沉就散乱。人疲劳了就睡

觉，睡醒了眼睛还没有张开，思想就来了。所以不昏沉就散乱，永远不会平衡，因此永远在生死轮回中转动。不管你佛学讲得多么高明，戒定慧怎么样的好，理论再怎么好，第一你没有真正得定，纵然持戒很好，不是真的戒。第二你纵然智慧好，不是真的智慧，那是世智辩聪，是从世间的知识、头脑的分辨来的，不是真智慧，真智慧不用头脑思想就来。我们看到很多学佛的人，身上都是病痛，那修个什么道？佛说学佛可以了生老病死，你既然是学佛的人，身心都不能健康，这个东西学了干什么呢？对不对？这是很现实的问题。重点是你定力不够，要想戒学得好，必须要定。一定了以后，就不需要谈戒了，他杂念妄想都不乱起，那就是戒了。你定了以后也个要谈慧了，定中自有智慧来了。

道家所讲"鸿蒙"，是定的初步，如果拿佛教的教理配合来讲，就是四加行的第一步得暖。暖、顶、忍、世第一法，这是佛法里的四加行，不管大乘小乘离不了四加行。鸿蒙境界，混沌境界就是得暖。所以这位同学问的问题，现在答复了，也解释了这个鸿蒙混沌。它与昏沉差别在哪里呢？昏沉是自己做不了主的，鸿蒙混沌境界是自己证入这个境界，做得了主。拿唯识的道理来说，鸿蒙混沌境界就是五遍行的作意而成。但是昏沉不是作意来的，而是由习气来，所以两个详细的差别在这里。不过不能随便去讲理论，要好好用功体会才能清楚。

先天真一之水来了该如何

当你空到极点什么都没有，到了一切"鸿蒙未分"这个境界，"便是先天真一之水，非后天有形之水也"。这个现象并不是身上有个水来了，先天真一之水，用方位来代表是北方壬癸水，拿人体来讲，是下面。天一生水，等于说我们生命上的春意发动，并没有加任何的妄想，并没有加任何的欲念，就是所谓"天地缊缊，万物化醇"的境界，也就是鸿蒙的境界。这个有水的现象，由下而上升，等于我们物理上的水蒸气由下面上来。

"学道之士，若能摄情归性，并两归一，才复得先天真水，水源至清至洁"，先天真水也就是真的活子时，这是金丹一点的根基，所以学道的人，这个一发动，精神好了就来真水，衰败了就没有。要"摄情归性"，后天的妄想、欲念都属情，学道的人要能够定得住，把它空了，才能归到清净无为的境界。修道的到了这里，本来昏昏迷迷，忽然精神来了。一般人都在疲劳时去打坐，觉得蛮好蛮清净，实际上并没有修行，因为这是休息。疲劳了当然清净，杂念也没有了，没有力气妄想了，并不是功夫到了。那么一般人何时下座呢？坐到先天真一之水差不多来了，精神也来了，觉得我差不多了，下来穿上鞋子，要打牌的去打牌，要做事的去做事，所以永远不会成道，永远不会得定。因为在先天真一之水来时，你稳不住，就不能"摄情归性"，当然也空不掉。这个时候空得掉就叫做空了，这叫做返本还原。

性与情合　身心一片

他这里把做功夫的办法告诉你，修道之士到这个境界能"摄情归性，并两归一"，把两种归并成一个。两种什么呢？性跟情。理论上就是妄想空了，归到本性上。这两种作用，在身上是神跟气，神不动，神与气两样凝结拢来，才能够得到先天的真水。"先天真水"这个时候"水源至清至洁"，妄念一动，尤其是加上男女的欲念一动，这个水已经不清了，先天一炁变成后天混浊之水，没有用了。

"此时身心打成一片，不染不杂，自然表里洞彻，有如万顷冰壶"，到这个境界那是呆定的，不管你学显教密宗，修止观，修净土，不管你修什么法门，就是"先天而天弗违"，呆定的法则。到了这个境界，先天真一之水来了，这个时候身心打成一片，怎么打成一片？杂念妄想没有了，身体感受也没有。感受没有不是勉强做的，如果一个念头都不想动，甚至什么都没有兴趣，什么都没有意思，那变成枯木了，那完了！那不是先天一炁，那个学佛叫做枯木禅，是邪禅。真正身心打成一片是身心融为一体，春意盎然，这个春意没有什么色情的作用，只代表生机充满。"身心打成一片，不染不杂"，所以心如明镜台，那就一尘不染。那个时候，告诉诸位，你想动烦恼动妄想都动不起来了！没有烦恼没有妄想，是自然的，但是并没有到家，这是第一步。张紫阳真人在《悟真篇》上告诉我们，到了这个境界，"烦恼无由更上心"，一个烦恼妄念都动不起来，没有了！这个时候"自然表里洞彻"，拿身体来讲，一片空灵，身体好像空了没有了，变成一个玻璃瓶子一样。玻璃瓶子还有个玻璃，这个时候连玻璃都没有了。道家北派的丘长春真人，形容这个境界叫水晶塔，身心变成水晶的塔，内外透明。

如果我们再严重地做个比喻，佛家的《法华经》没有什么佛学的理论，只莫名其妙地讲了许多的故事。所以有些知识分子不喜欢看《法华经》，因为就像是神话故事一样，可是他故事里头有东西。有一个故事，说到释迦牟尼佛说法，地下涌出来一个多宝如来的宝塔。多宝如来，你们做生意的碰到他可高兴了，那一定发财。他从地心涌出来，这个塔是无缝塔，没有门，进不去，打不开，多宝如来坐在里头。因为释迦牟尼佛说法说得好，他就叫释迦牟尼佛进来坐在旁边，这就是分释迦半座的故事。这个时候，所谓先天一炁从地涌出，"表里洞彻"，还没有到达多宝如来那个境界，可是有消息了。

　　还有一个禅宗公案，释迦牟尼佛在世的时候，有一个女的入定，佛就问小乘及大乘的弟子，谁能够使她出定。文殊菩萨、普贤菩萨，这些能力很强的，想尽办法，无人能够使这个女的出定。诸大菩萨们束手无策，可见她的定力有多高。后来一位罔明菩萨从地下涌出，在这个女的耳朵边弹指一声，她就出定了！禅宗有这么一个公案，等一下你们参参看。

第七十六讲

真一之炁如何发起

刚才讲道家所说真的活子时来，就是先天一炁，一切都从虚无中来，那个境界他都讲得明白，"自然表里洞彻，有如万顷冰壶"，这是形容境界，不是真的冰冷，而是像玻璃一样的透彻，把实际的境界都讲出来了。他解释道理是引用老子这一句话，"故曰，上善若水，清而无瑕"，就是这个境界。

接着下面第二段，"大道离相离名，本无形象"，无名可得，所以连佛也不可说不可说，没有名相的。"及其生出一炁，似乎可得而形容矣"，本体，道的体无名无相无形，所以离一切相即一切法。拿佛学的道理说，在真空生出妙有的时候，起作用的时候，"似乎可得而形容矣"，有一点形相可以抓住了。

"然此真一之炁，杳冥恍惚"，他把老子浓缩了，原文是"杳兮冥兮，恍兮惚兮，其中有物"，在空空洞洞中间有个作用，这个妙有作用哪里来呢？真空中来。"形于无形，象于无象。非一切意识可以卜度揣摩而得"，它有形有相，又无形无相，这并不是指妄想境，注意啊！我们一般修道打坐都在想象或者有意去练功夫，那是自己意识去造作出来，想要达到这个境界。只不过，这是妄想，是假的不是真的。先天真一之炁不是意识可以"卜度"，卜度就是猜想。这个不是意识分别，拿佛法来说，是在无分别心的时候，才能够发起真一之炁。

"故曰，道之形象，真一难图"，他说真正到先天一炁来的时候，很难说出一个样子，如果一形容一描写就着相了。一般修道的人没有不着相的，佛家道家一样。所以说"真一难图"，的确如此。

现在又一段，这个先天一炁，"真一之水，便是中宫一点鄞鄂，所谓太乙含真炁也",这个水是现象,所以叫"鸿蒙",就是刚才我们说像春天的那个气候。这里拿《易经》的天象来比喻,这个真一之水,就是中宫,像城墙一样围起来,有个堤防。这个时候就如达摩祖师所讲的"心如墙壁,可以入道",自然到达没有妄念。道家形容所谓"太乙含真炁",这就是太乙,属于北方真气。

神与气的交会

"合之为一炁,分之则为两物",神与气合拢来完整的叫做一炁;分开了就是两个东西。大的代号叫阴阳,小的代号叫刚柔。阴阳刚柔,在我们生命的作用,就是神跟气两个。大家念佛也好,打坐也好,功夫做得好,神和气充满以后精神来了,于是心就散乱起来,结果又分散了神与气,所以功夫永远不上路。你真懂得这个道理,用起功夫来,一百天一定上路的,所以百日筑基是没有错的;充其量四个月一定上路,你的生理、心理都改变啦。说分开是两物,"又分之,则为四象五行",两个东西再一分就越来越散乱,所以神气两个不要分开。

"交会之时",我们修道就是把向外放射的六根都收回来,就叫交会。有些书上就变成交媾了,一般人把道书看错了,认为是男女关系,那是很罪过的。这个神气交会的时候,形容有如夫妇交配之象。"五行变化,全在中央",在身体内部五行起变化了。有些人打坐,一下病发了,以为打坐出了毛病,那是你本来里头就有病,因为静坐以后,元气充沛了,反应灵敏,那些病的感觉就反映出来。既要修道,你就要把生死看空,一步一步给你打开,才能一步一步成功。神气两者交会,五行起变化,心肝脾肺肾都会起变化,全在中央戊己土之中。什么是戊己土呢?就是一念不生,一切都不理,不要配合它，气走到心也好肝也好，走到任何地方有感觉一概不理。拿佛学来讲，"色受想行识"五阴，你要是跟着感觉的地方跑，就是受，就落在受阴的境界。妄念则是想阴的境界。

这个时候神气交会，五行各归本位，各归本位就是不动，自己杂念妄想寂然不动。"既而木仍在东，金仍在西，火仍在南，水仍在北，各居其所矣。故曰变而分布，各自独居。"木属肝归东方，金属肺归西方，火就是心在南，水就是肾在北。换句话说，这样金木水火土各归本位不动。如果身体不好，尤其老年修道的，有各种变化，有各种难过，只好不理。一个念头，用佛的十念法，念佛、念法、念僧……最后一个是念死，反正晓得要死的，迟死早死一样。充其量不成功而死掉，可是我修道的决心不变，在戒定慧中要有这个坚持。这一段把用功做功夫的境界讲了，都从先天一炁来的。《参同契》告诉我们活子时一来，先天一炁来，会有那么多的变化，变化的过程很多很多，讲起来只有几句。

现在他做结论，"此段，言真一之水，实为丹基"，告诉我们修长生不老之道，不死之法，炼丹的基本，就是真一之水。如果你的善行功德不到，你修百辈子也没有用，第一关天一真水一来，你就先垮了。我叫大家看《西游记》，我这个教育法古怪，我们新出一部《西游原旨》，要看悟元子真人的批句，好极了，什么秘密都说了。朱云阳注解这一段很重要，说天一生水，"真一之水，实为丹基"，是炼丹的根本。

气不住怎么办

崔公"《入药镜》所云"，崔公是古代的一个神仙，"水乡铅，只一味是也"，"水乡铅"就代表气住了脉停了。气住之后，虽不到脉停，妄念自然空了。大家学佛修道打起坐来，思想妄念为什么不能空？因为气不住。所以一般人修止观，听鼻子的呼吸，叫做数息。我常说鼻子的呼吸，数息，是修六妙门第一步，只是方便而已。夜里失眠的时候，注意数出气，如果身体差精神不够的，就要注意进气，这是个秘密啊。

一数二随，第二个方法是随，不要数了，就随着呼吸气在动。修数息不是修这个气呀，这个呼吸是生灭法，以生灭法来修一个不生不灭之道，这岂不是背道而驰！念佛也是生灭法，你在生灭法中念佛，会得到一心不乱吗？念佛必须要把净土三经研究清楚，搞数息的要研究什么是息？不呼不吸那个时候是息。人的思想杂念同呼吸是联成一起的，念住了息一定住；息停了，思想念头也不起作用了。换句话说，呼吸不停，你说妄念空了你是在自欺，永远修不成功的。要达到气住，先要做到念住，念跟气两个是一体的，所以修道到"水乡铅"时气住了。就是这一味药，就是这个气住，长生不老之药是也。得了这个药就祛病延年，长生不死，真能够念住气就住了。

"学者若知攒五合四，会两归一之旨，鄞鄂成而圣胎结矣。"这个攒，就是把几个铜板在手上，这么一丢一丢。"攒五合四"，把五行四象不散开。"会两归一"，把神气两个会合归一。你懂了这个目的，"鄞鄂成而圣胎结"，就是百日筑基成功。换句话说有胎儿了，并不是你真的怀胎，可是像女人怀胎一样，觉得身体里有东西。那么你们女的呢，有些人道书乱看，看了斩赤龙想把月经断了，你不要乱搞啊。真到这个时候已经是男女一样了，月经断不断那已经不考虑了，它自然清静，都会返老还童的。所谓结圣胎以后，第二步就是长养圣胎了，道家比喻十月怀胎，要保养它，慢慢使它成功。

结丹后下一步

下面《参同契》原文"类如鸡子，白黑相符"，这个是讲结圣胎以后。鸡子就是北方人叫的鸡蛋，鸡蛋里头有个蛋黄，外面是蛋白，白黑代表一阴一阳，混沌状态。这叫混沌包起来，神在气中，所以一念灵明，神在气中像是中间一点灵明不昧，一念的正知正见，外面则是絪缊鸿蒙的状态。

"纵横一寸，以为始初"，上面横的直的只有一寸宽，这是形容，拿身体来讲，就是我们中国人的方寸之地，就是心。不是有形的心脏，是在心窝子之下这个地方。"四肢五脏，筋骨乃俱"，在这个里头，不管男的女的，四肢五脏，样样具备。

"弥历十月，脱出其胞"，这是形容女性怀胎生孩子现象，以比喻功夫到了这一步时，你身上每一个细胞、神经、骨头，都会起变化。有时会很痛苦，尤其是到了头部。我常常吩咐有些用功的同学，你小心啊，下一步会头痛得你要死。有些同学害怕了，老师啊，痛多久？我说，半年一年不一定啊，裂开了一样。那怎么办？怎么办？你能拿个刀把头砍下来吗？怎么办？你只能忍受。所以说道家必须懂医药，你看每个神仙都是高明的医生。所以佛家走菩萨路子要修五明，其中一个是医方明，要医药的帮助，非懂不可。道家到这个阶段内丹有了，还要外丹，外丹就是药物，配合上就减少痛苦很快通关。修道是多方面的学问，千万不要认为打坐就是道啊！你会修倒啦！你会倒退啦。

这个时候"骨弱可卷，肉滑若饴"，一个人修道到了这步功夫，你的肉体就变了，这个骨头软得好像面粉一样，软得不得了，可以卷起来；皮肤光滑得同婴儿一样。"饴"就是麦芽糖，皮肉像饴糖一样的光滑。这还没有到神仙，是成神仙的第一步。学佛的人得初禅、二禅时，就到了这个境界。到了这个地步不用进美容院，就很漂亮了。

再看注解，"**此节，特显法身之形象也**"，这里讲法身，是借用佛家的话，但是佛家对法身的解释不同。佛家讲法身是涅槃境界，离相离名；道家讲的法身就是这个丹头一点，天一生水，结丹以后生出来的身外之身。拿佛学来讲就是《楞伽经》所讲的意生身，是身外之身，肉体以外的身，所以学佛修道不得意生身是谈不到成就的。

"**圣胎初凝，一点元神，潜藏神室，混混沌沌，元黄未剖，黑白未分，有如鸡子之状。故曰，类如鸡子，白黑相符。**"这末两句就是解释，真正得定的状况。禅宗也一样，真正开悟了没有不得定的，得了定，"**圣胎初凝**"就不动了，身上的毛病早就没有了。如果身上还有风湿等老化病，就不是了。像我们这些都没得道的，发苍苍视茫茫，就不行了！得定时，一点元神"**潜藏神室**"，向内敛，这个内敛境界勉强可说在心中，有形的可以说在心窝子当中，可是不能着相，一着相就不对了。

这个时候叫混沌，上次讲过混沌跟昏沉的差别，你要注意了，这个混混沌沌，其中一点灵明不昧，没有昏沉，可是外面的身心都转变了。这等于"**元黄未剖**"，元黄是《易经》坤卦的道理，像太阳快要落下去，阴阳交会时的一片昏黄之象。所以到了混沌元黄境界，就是一念灵明在内，外面的身体柔软，气住脉停了。黑白代表阴阳，有如鸡子之状，混沌未分，"**故曰，类如鸡子，白黑相符**"，这是结丹以后的第一步。

混沌境界在何处

"**神室中间，方圆恰好径寸，法身隐于其中，优游充长，与赤**

子原初在母腹中，一点造化。故曰，纵横一寸，以为始初。"这个时候丹头一点不在脑子里，你们修道守窍啊，密宗的三脉七轮啊，这个时候都不谈了，因为都过啦，气脉早打开了。这个时候那个真正的境界，就在我们身体的中心点。我们身体也怪，到处都是三角形，你看密宗画的坛场，生法宫就是三角形。我们人体上很多啊，你们懂了就晓得修道。脸上三角形，两个眼睛到口鼻三角形，两个乳房到肚脐三角形，两个乳房到上面喉结三角形，到处是三角形！下面下去也是三角形。所以中国的东西也是根据这个来的，连香炉也是三脚香炉。可是你们现在功夫不到，认为道家守在三角形，自己搞得心痛，胃气不通。所谓"神室中间"，有些道书说中黄神室，中黄就是中宫。神室中间方圆恰好一寸，这个寸不是现在的寸，真正的一寸，学针灸的人知道，有些部位是以自己中指中间一段为标准，道家称这个为一寸三分，每个人身体不同。

譬如说喉管三寸也是这样一个量法，这个我告诉你，中国文化现在都没有了。有一种草药叫葛根，四川的特别好，一个人打摆子发冷发热，胃里有细菌消化不良，中医西医都没有办法，搞了一年多都好不了。当地找来一个乡下人，用土法子，那真有本事，他一看这是疟疾打摆子，就去找一个葛根，把外皮一扒，里面白得像葱白一样。他把病人手指头拿来一量，我在旁边看他是个内行，量了就把葛根切好长度，从病人喉咙里一直插下去，等一下他一抽出来，那个人就好啦。我问病人有什么感受？他说那个东西下去，感觉好像有个东西咚一下掉下去啦！就没有啦！就是很久的消化不良，像在胃里头长毛了，没有办法化掉。这是中国人用的老办法，我现在可惜，那个到胃里头几寸忘记了。还有一个懂得中药修道家的，不管什么病找到他，很简单，随便出去抓一点草药洗洗，吃了就好。我要拜他为师，他说条件是你什么都不要做，跟我三年。我

210

一听这三年跟你，做一个抓草药的，这有什么用呀？我现在想想很后悔，跟他三年，这个草药就学完了，能救多少人啊！笨！可是来不及了！人没有三头六臂，要学的东西太多，学不完啊。

"方圆恰好径寸，法身隐于其中"，说那个丹头一点，混沌境界就在中宫。"优游充长"，在禅宗就是"任运"，让它自己充满。"与赤子原初在母腹中，一点造化"，道家叫怀胎，没有真的胎儿，等于婴儿在娘胎里慢慢长大的现象，修道的境界是一样的。所以《参同契》上讲"纵横一寸，以为始初"，就是这个道理，真结了丹那个境界是在这里，这叫初步。

混沌境界须多久

"圣胎初凝，一点元神，潜藏神室"，这个是得定的时候，定有很多种，道家的这种得定是进入混沌境界，就是非空非有、不空不有这一念。有一念已经不是了，没有一念也不对。当真到身上来时，道家所谓功夫来找我，不是我去找功夫，它自然回转了。儒家朱熹朱夫子所讲的一念回到腔子里，当然朱夫子能不能到达这个境界不知道，但他那个说法是对的。一念回转，禅宗达摩祖师也讲过："一念回机，便同本得"。不过达摩祖师所讲的一念回机不一定是这样，我们借用他的话，硬是自己回转来到内心了。这个时候你不想入定也不可能，六根自然关闭，不想动了。等于老母鸡孵卵那个样子，人都软了，喝醉了一样，杂念妄想统统提不起来了，可是并不是昏沉！这一点元神不是有念也不是无念，确有这个作用。

回转来"潜藏神室"，一念正念到了身上来，你说在哪个部位呢？勉强讲它在神室中宫。其实这个时候，"元黄未剖"，未剖就是鸡蛋黄未打开，这是形容！我们这个身体，没有内外中间的分别，等于鸡蛋一样，外面蛋壳包着，里边有个蛋黄。千万不要幻想我已经变成鸡蛋，里头有蛋黄。"黑白未分"，明白这一念不是有念也不是无念，代表六根关闭了，不相干了。"类如鸡子，白黑相符"，内里是白的外面是黑的，鸡蛋里面是黄的外面是白的了，这是比喻。这个白黑是什么道理？说是一灵不昧，那灵灵明明，整个同外界隔开了。那么在哪里呢？在我们心中，不一定是有形的心窝里头，但也并不是离开这个有形的身体心窝这个部位。"神室中间，方圆恰好径寸"，这个我们讲过的，"法身隐于其中"就是在心中。这个混沌境界一定下去多久呢？就不一定了。算不定坐在那里，或者躺在那里，站在那里，也许两三天，也许七天七夜，都在这个境界里头。你们注意，万一诸位将来到了这一境界，当然算不定啦，大家都有神仙资格，能不能当选不知道，但是看到旁人到了这境界，就要帮忙，要护法，要照应他。

"优游充长"，形容完全自由自在。过去在重庆看到一位老前辈，听说他常常入定。他一个礼拜吃一次饭，我也曾当过主人，他一个人吃一桌酒席，我们当主人不吃，在旁边陪他谈谈。他慢慢吃，又起来唱唱歌，站起来摸摸肚子走两圈，然后又吃，这一顿饭，要吃五六个钟头。这一餐吃完了，一个礼拜不吃饭。他是吃荤的，都要顶好的，他吃饱了起来，说声再见就走了。修道的人，大家朋友不用多话客气，他高兴起来，跟你谈几句，一个礼拜吃一餐免得麻烦，这个可是普通人做不到的。这是讲到"优游充长"这四个字，想到这位老朋友。修道功夫到这一步的时候，就要专修了。

"与赤子原初在母腹中，一点造化"，他说这种情形就是婴儿刚刚入胎，这就是一点造化，我们这个性命凝结成了。所以原文讲："故曰，纵横一寸，以为始初。"纵横一寸的地方，不一定讲心窝这里，修道家就要灵活，假使读死书就着相了，修道绝不会成功。到这个时候，没有杂念妄想啦，拿佛学来讲，贪嗔痴慢这些都没有了。

筑基结丹再养胎

上面这些叫做百日筑基，真正结胎，也就是结丹，只有这一条路，没有第二条路。你说打坐入定，今天观想成功有境界，可以坐上几天几夜，那都不是结丹。真正结丹是自然来的，不是你想象出来的，观想出来就不对了。那么这一点来了以后，是修道第一步，这也就是说，百日筑基的基础打好以后，不晓得什么时间，你功德到了，修行到了，这东西就来了，结丹以后就入胎了。《楞严经》也提到长养圣胎，跟妈妈怀孕一样，这个胎儿慢慢长大，道家就叫做温养，说"温养真胎"，这个地方他用真胎，不是假的。

"温养真胎，必须从微至著"，长养圣胎这个阶段，开始只有这么一个境界，觉得有这个东西，真空中起妙有，不一定只是打坐入定的时候，下座还是如此。刚才有个比喻，等于母亲怀胎一样，随时随地这一念不出去，在内的。不像我们现在打起坐来，思想乱七八糟向外散，把思想停住已经很困难了，所以根本谈不上温养。真到温养的时候，这一点真空妙有，从开始微弱，慢慢作用越来越大。

"始而成象"，开始变成那个现象，这个里头功夫就很多了，如果你的智慧不够，或者是学过其他外道，下意识有观想，算不定你就觉得里头真有个胎儿。或者觉得自己里头就是一个菩萨像，你要是喜欢观音，自己就是观音像，有时觉得完全是个刚生下来的婴儿。所以就要注意了，"凡所有相皆是虚妄"，绝不能着相，否则你就走错了路。"始而成象"是无相之象，但是假设真到这一步，修道有时候会变真，所以说，很难，就是在这种地方要真智慧了。

开始成象，慢慢功夫培养锻炼成熟，"继而成形"，就像婴儿在娘胎里成胎以后，慢慢生成脉络、筋骨出来了。"四肢五脏"同我们现在身体一样，"并筋络骨节之类件件完备，具体而行"。千万注意啊！这段是形容词，形容一个胎儿在娘胎中这样长成。

所以他说原文还是形容词，"故曰，四肢五脏，筋骨乃俱"，这个时候成形了，就是形容长养圣胎。这个里头就讲不清楚了，讲清楚了功夫不到也没有用，到了再说，这是第一。第二，古代人讲这些是有他道理的，他给你讲了以后，你非走错路不可，因为人这个欲望，听到一个高远的境界，告诉他不可以着相，我知道！我知道！但他下意识已经着相了。你告诉他，要空掉，我知道！我知道！到时候充其量碗那么大一个空，如此而已，非着相不可，很难办。可是道书的形容，也只能着相地形容。

长养圣胎的变化

他说："须知，四象五行包络法身，便如四肢五脏。法身渐渐坚凝，便如筋骨，非真有形象也"。长养圣胎是说像长成一个人一样，胎儿四肢五脏都有了，现在告诉我们正统道法，性命双修，脱胎换骨的正道。我们必须要知道，说四肢五脏，是比喻四象五行，这都是《易经》的话，四象是阴阳分出来太阴、太阳、少阴、少阳，这叫四象；五行，"金木水火土"，也是代号。总而言之，在这个境界的时候，身心内在的变化，你自己会知道。有时候证入的境界，什么都不知道了，是纯阴境界；有时候内外一片光明是阳境界。当然你们现在打坐也有些人碰上内外光明，可是并不是这个境界，真到这个境界是不同的。

在长养圣胎当中，有很多的变化，各种境界是意形成的意生身，是正念，是一念之间精气神所结合。一念正定，精气神就结合了，"便如四肢五脏"，是形容，不要搞错了。可是到这个境界，修道没有办法讲。玄奘法师在印度，两派的辩论解决不了，后来请他仲裁，有一派问，得道的人那个境界，既然不可说，不可说，那你怎么可以知道呢？玄奘法师说了一句话："如人饮水，冷暖自知"，解决了这个问题。所以这个时候，慢慢功夫再下去，"法身渐渐坚凝"，就更稳定了。"便如筋骨"，等于胎儿长成功了，各种筋骨有形了，不是真有形象。

这叫做温养，就是后来道家所谓十月怀胎，《楞严经》讲长养圣胎。这样"温养既足，至于十月胎完"，并不是一定十个月，有人快一点，那是靠他前生多生多世的修持。这类人也许个把月几天就完成，也许好几年，所以不是呆定的。"十月胎完"，是讲人的怀胎境界，这是拿来做比喻的。

意生身成就了

"赤子从坤炉中，跃然而出，上升乾鼎"，这个肉身定久了，什么奇经八脉、三脉七轮，那都还是前面的事，都过去了。到了这个"从坤炉中"阴的境界，从我们那个混混沌沌的坤炉，也可以说从丹田开始一直上来，"跃然而出"，向上冲上来，等于婴儿长大。我们普通人，十月满足，从母体下部就出生了。欲界的生命是从母体下生，有些高层的天人同植物一样，从父亲头顶、肩膀上跳出来。欲界是精交，色界是气交，无色界是神交，都不同。

"从此重安炉鼎，再造乾坤，别有一番造化"，假定你修道到这个境界，那真是学会颇哇法了。下一步还有功夫的，要另一个方法了，又是一层。道书到这里下一步没有讲，有些道书到这一步说"自知"，你自己会知道。如果你这一步到了，自有真师指点，就是从虚空中自有仙佛来指点你，那不是一般的了。"重安炉鼎"，这个身体还没有丢掉，还要再造乾坤，整个锅炉再造过。有些道书讲是阳神出窍，像婴儿一样，不能让他走远了，如果走远就回不来了。大家看了都着相，以为真有个东西从身体出来，还有些人这样问我。老实讲，如果这样想，就是一种精神分裂的幻想境界。

这个是实际的功夫，你说它无形无相，又是有形有相。"重安炉鼎，再造乾坤"，这八个字是说还要再煅炼过，并不是有这一功夫

218

就行了，还差得远。所以下面说"别有一番造化"，正所谓另外有一番功夫，还要另外修过，要真师指点。道书所谓真师，是真正有成就的前辈，这要仙佛菩萨来点化你，教你下一步了。我们现在连佛经都看不清楚，那个时候就会看清楚了。

"我之法身，才得通天彻地，混合太虚"，这个法身成就了，跟宇宙天地同体了，可以说到了长生不死的境界，法身成就也是意生身修成了。意生身虽成就了，后面还有功夫的。意生身成就可以成菩萨，但是刚刚登初地而已，菩萨境界广大，后面还有九地。如果借用佛学来讲，法身成就了还要修报身成就，所以神仙也分好多种。有些法身成就了，留下肉体，这在古文叫做"委蜕"，像是夏天知了到秋天死了，留下来的壳叫"蝉蜕"。蝉蜕在中药是治喉咙发炎的清凉消炎药，委蜕也可以叫做"委羽"。我们浙江黄岩有个委羽山，山中有道观，这个委羽山是道家三十六洞天七十二福地之一，是修道得道的好地方。我当年去过这个道观，后面还有几个洞，藏风聚气，风水不漏。风水就是环境，在这种地方修道，环境非常好，精气神自然都凝聚了。这个委蜕、委羽，就是法身成就。

第
十
七
讲

进一步再造乾坤

读道书到这里应该明白了，"重安炉鼎，再造乾坤，别有一番造化"，再进一步，再高一层的神仙，就是修到报身也成就，带到这个肉身化了。这是刚才我们讲的这个肉体第一步修成意生身，就是道家所说的法身成就，还要回转来再修肉体的变化。像吕纯阳活了几百年，走了以后还是常来人间，密宗莲花生大士也是这样。实际上道家讲随时都可以来，散而为气，聚而成形，因为他是带肉身成就的人。所以这个身体随时自己念头一动，可以把它变成光，就变成气，让它凝结回来，要变成别的形状也可以，这是报身成就，据说是如此。报身成就还不够，更要法身成就，自然化身就成就了。这一段要注意，道书上到此，已经是告诉你秘诀了，就是"从此重安炉鼎，再造乾坤，别有一番造化。我之法身，才得通天彻地，混合太虚"。

所以《参同契》的原文讲："故曰，弥历十月，脱出其胞。而有骨弱可卷，肉滑如饴之象矣。"禅宗也讲这个，你们看《五灯会元》《指月录》，仰山的圆相画一个圆圈，中间一点，好像太极图一样，干什么？就代表这个。有时画个圆圈中间写个牛字，这又是什么呢？所谓打机锋转语，这个里头有的写三个牛字，你们参不通。如果说禅宗不谈功夫，那才是活见鬼，你根本不通禅！禅宗非常注重功夫，但决不着相。佛经也是这样，绝不谈功夫的现象，但是佛经你读懂了，它处处告诉你修持功夫的现象，这要你自己知道啊！所以到这个时候，"弥历十月，脱出其胞，而有骨弱可卷，肉滑如饴之象矣。"就是刚才我给大家已经点穿了的，要进一步专修，还要回转来在这个肉身上做功夫。到了十月怀胎，三年哺乳以后，整个的肉体返老还童，老骨头软化了，软化到像婴儿一样，身体皮肉滑得像麦芽糖一样。这一段很重要！

魔来了

"此段，言法身形象"，这一段明白告诉我们怎么叫结丹，怎么叫结胎，"与母胎中生身受炁之初，同一造化"，与人身受气结胎同一现象。这个时候，你说还会跑掉吗？绝对还会跑掉，所以说很严重，这就要功德了。你说真有魔吗？世界上有鬼怪没有？没有，因为大家看不见。可是，功夫到了就会来，平时魔不会找我们，等于土匪看到我们同他一样穷，所以抢了没用。但是你修持功夫到了那个时候，魔性的念头爆发，圣人都挡不住，欲念贪嗔痴慢到这个时候又重新发生，而且有外魔的境界魔你，有种种环境诱惑你，道要垮掉的。这个时候，要有绝对的戒律，但有时这个戒也戒不住，就要真正的智慧了。

"但顺则生人，逆则成丹"，这个时候顺则生人，顺着欲望去做就变成普通人，又垮掉了。垮掉没有关系，只要你活得长，再修吧！有第一次垮的经验，第二次格老子不上当了，但是第二次不是那个样子来的，是别的境界来诱惑你，又垮掉了。只要你活得长，第三次、第四次，可是时间机会毕竟不多，很难。顺这个路线走，到这一步境界有没有关呢？所以叫你们诸位看《西游记》，这个时候有很多的关。如果说这个人没有男女之念，到这个时候不会垮吧？可是你发财机会来了，成名的机会来了，都想不到。凡是你下意识习气里头有的，它都会有一样的境界来。"有圣与凡之别耳"，这句话特别重要，你看修道到这步功夫，你认为了不起了，当然了不起，唉！还是凡夫境界，够不上是成仙。就算是仙佛是圣人，也要冲过这一步魔障关，才能再跨进一步，修道就有这样的难。这一节我再三跟大家讲重要，重要，你们自己再去研究，里头文章还很多。

最后的总结是他的评语："此章，是养性第一关键，与上篇两窍互用章相应。"这一章太重要了，是有关养性的关键，也与前面第七章"两窍互用"相呼应。

第七十八讲

我说 参同契

二炁感化章第二十一

> 阳燧以取火，非日不生光。方诸非星月，安能得水浆。二
> 炁玄且远，感化尚相通。何况近存身，切在于心胸。阴阳配日
> 月，水火为效征。

现在是二十一章，二炁感化。养性的功夫就是修命，性命双修是第一个关键，第一步根本功夫。"二炁感化"就是阴阳二炁，彼此互感。

水火既济的修法

"阳燧以取火，非日不生光"，阳燧是什么？拿我们现在讲，一个木片，透过玻璃凸镜对着太阳久照就起火了，古代就是这样取火。"方诸非星月，安能得水浆"，方诸也是一种物质，同宝珠一样，对着月亮一照，珠上面就有水出来了。"二炁玄且远，感化尚相通"，太阳的光能，集中焦点在玻璃凸镜上，就可以点火；一个宝珠在月光里一照，水就出来了，他说这些是物质物理的作用，同类就相感应。"何况近存身，切在于心胸"，何况我们这个身体是活的，不是普通的物质，所以道就在我们身体里，就在我们心中。

"阴阳配日月，水火为效征"，阴阳是个代号，等于天体上的太阳月亮的关系一样；水火就是《易经》上所说的坎卦水、离卦火。水火之气，水在上，火在下，就是水火既济，是好现象，像我们煮饭一样，上面放一锅水，下面举火煮。火水未济是火在上水在下，没有用，煮不成东西。修道也是这样，所以你们打坐境界，头顶上面清凉，下面丹田发暖，这就是水火既济。如果上面头脑昏昏的暖

224

暖的，下面凉凉的还拉肚子，就是火水未济，越来越糟糕，是永远不能成功的。所以清凉必定要从顶上灌下来，是灌顶的作用。道家不用既济、未济两个卦名讲。

"此章，言水火两弦之炁，以同类相感也"，在我们人身上就叫水火，在天体就是日月。天体气象的变化，是由太阳月亮的变化而来的；我们修道，是身体上水火变化的关系来的。水火再进一层，火就是心脏，水就是肾脏，我们说过好几次，再说一次，两个腰子左为肾，右为命门。中国医书所讲肾水，老实讲是包括脑下垂体尚尔蒙，一直下来到肾腺、肾上腺，乃至到生殖器睪丸各部位的荷尔蒙，整个属于肾。所以为什么说脑衰了以后要补肾，或者肾亏了要补脑；因为真正肾亏并不是两个腰子没有力气，而是说你本身的荷尔蒙不够了。现在一针下去就有了效果，古代要弄得采阴补阳，搞得一塌糊涂，乱七八糟，都不对。不过一般医生不敢乱用荷尔蒙。水代表肾这个系统，火代表心脏，其实也不只是心脏，就是本身的热能。你学过唯识就知道生命是暖、寿、识三者一体，没有火力，就是没有阳气。譬如老年了，两个腿风湿麻痹，或者是中风了，这都是生命的火力不够，所以真正的火力是这个，并不一定是心脏。这些道理都要搞通才能修道。

讲水火两弦要水火既济，中医叫做心肾相交。两弦这个弦字，我们已经讲过，上半月的初八是上弦，下弦就是下半月二十二这个阶段，这个道理叫做"两弦之炁"。上半月属阳，是生长，月亮由没有变有，慢慢长成圆的；下半个月属阴，就是由圆满的月亮慢慢减退到看不见了。所以两弦之炁是阴阳之喻，每人的身体，男女都一样，有几天情绪特别低落，也容易感冒，你自己不知道。尤其老年的朋友，有时觉得精神蛮好，自己还觉得有一点火，过不了几天，哎哟！不行了！那就是到了下弦。女性更标准，月经快要来的时候，烦恼情绪也来了，脾气也坏了，一点不如意就要吵架，再不然闹着上吊了。等到过了这个阶段，很爽朗，度量也大了。所以人真是可怜，生命就是两弦阴阳二炁的变化，这也就是命功的道理，理性告诉自己不要这样，心里也不想这样，可是到那时情绪压不住。这个情绪就是生理上两弦阴阳之炁的变化！所以修道要懂得这个。

日月精华如何采

"两弦之炁，以同类相感也"，这个要注意，尤其老年朋友，这就是采天地精华，补自己精气。只要你有一口气活着，你还有药可以吃，这个药不要钱买，就是天地的精华。有些道家要炼采日精月华的方法，那很呆板，不算高明，只算是小路。正统道家不走那个小路，虽然小路很有效果。采日精月华我也看到过的，前面也说过，最好要在中国西北高原，北方一带；东南一带很难办，除非到海岛。采太阳的精华要在早上卯时，太阳在地平线下还没有上来，初一初二初三，三天可用。如果碰到下雨阴天就没有用了。所以都要在山顶上，高空里头，看到太阳刚刚跳上海面，跳上地平面，金红色圆圆的，这个时候眼睛对着，眼神同呼吸都采收这个太阳精气到自己身上来。

据说狐仙、大蟒蛇，这些精怪动物成仙都走这个路线，可以修成人形。采月亮的精华，要在每月阴历的十四、十五、十六半夜子时，我这些秘诀现在都告诉你们，当年求来很不容易呀！但是告诉你们也没有用，你们不要随便炼，这只是大概原理。传说中狐仙拜月，狐狸精修道也能够炼出丹来。我们在山上住久了，到这个时候看见有动物在修道，它出来就盯着月亮动都不动，等于入定了，它在采那个月华。一个动物能够炼到这样，已经很不容易，起码要一两百年，比人可怜。所以你们看到时，千万不要害它，人家辛苦地活到一两百年，又没有害你，你应该帮助它，将来你修道，说不定它也会帮助你。

所以这个采日月精华，也是同类感应。那么我们人呢？修道尤其像老年，精力不够了，只有借用宇宙这个力量。所以道者盗也，人可以把天地生命偷回来，可是要专修，不是像我们这样，白天做生意，晚上打个坐，这里的钱要赚，那边的也想赚，都给你赚完了，你又可以修道，别人修什么呢？对不对？所以这个修道是专修的。

"上章言，**魂之与魄，互为室宅，即水火两物也**"，在我们生命中，思想是灵魂的作用，是魂；后天叫魄，就是身体。我们讲这个人体魄很好，就是身体好，身体就是魄，这个白字旁一个鬼字。魂则是精神，死的时候魄跟这个肉体化掉，魂就离开了。修道是把魂魄两个结合拢来，就是身心两方面结合拢来，这个叫丹。所以这两个"**互为室宅**"，就叫做水火既济。这个道理是什么？用我们现在的话来说，身体的健康，影响你心理作用，健康的人是快乐、乐观的；身体坏影响情绪，思想也悲哀内向，多疑妒忌。换句话说，心理很坚强的人，身体也容易好，尤其是求生意志很强，精神一来，非要把身体锻炼好不可。所以心理跟生理互相影响，就是"**魂之与魄，互为室宅**"这句话，互相为房子，两个互相影响。

只要懂这个原理，"**金丹之道，以日月为体，以水火为用**"，我们修长生不老的祛病延年金丹，是以自然界的太阳月亮为根本，再以本身的水火既济为用。这也就是热能同清凉的观念。

人体的日月水火作用

"**体则互藏，用则交入**"，这八个字就是秘诀。太阳跟月亮天体互藏，太阳下去了，月亮上来；月亮下去，太阳上来，就是阴阳作用。我们人身要练成祛病延年长生不老，就叫做后天的用。"用则交入"，所以学佛修道要懂方便法门，《楞严经》上说"方便有多门，归元无二路"，你方法懂得不多，修不成功的。方法为什么要多呢？那就是佛经上所讲，对治的法门要多。譬如有一个境界来了，你不知道怎么办，你处理不了，好的境界当成坏的。常常有些人，打坐学佛学得蛮好，哎呀，我三天睡不着了！睡不着一天当两天用，有什么了不起？他吓死了，去吃安眠药镇静剂，那就完了！又有修道一度会沉睡，眼皮都睁不开，昼夜想睡，那么你就让他睡嘛！他又吓死了。所以人普通都不像修道的，又想做生意又想求名，又想求利又想求神仙，然后又想照自己的样子去修，这个不会成功的，因为与修道完全相反。

"日月非水火，体无所施。水火非日月，用无所出"，太阳就是一个发热的热能，宇宙最大的能量，属于火；月亮属于水，都要适度。如果只有太阳这个热能，是要烧坏的，连地球也会烧掉；下雨清凉清凉，也要适度，这两个都不能偏倚。所以假使没有日月水火作用，则"体无所施"，它的功能就起不了作用。换句话说，我们这个物质世界也是水跟火的作用，假使没有太阳月亮的关系，则"用无所出"，世界上水也没有，火也没有，这个道也没有用了。我们身体也是这样。

"近取诸身，远取诸物"，这两句话出自孔子的《易经·系传》。我们老祖宗观察宇宙的法则，仰观天文，俯察地理，中通万物之情，画出八卦，那是个大科学。"近取诸身"，我们这个肉体生命，也与宇宙的法则相同。"远取诸物"，远的呢，宇宙万物都有同一个生命的法则，综合拢来，简化又简化，画成了八个卦，包含天文地理人事，无所不有。所以孔子研究《易经》的报告，就是这两句话。现在丹道就用了孔子这两句话，"**近取诸身，远取诸物**"，这个道就在我们身上，我们身上有太阳月亮的作用，有水火的作用；万物也是一样，"**莫不皆然**"，都是一个法则。

"**阳燧是火珠，形如铜镜，其体中实，象坎中一阳**"，阳燧是一个矿物质的珠子，"**形如铜镜**"，现在人工可以造得成功了。"**其体中实**"，中间特别拱出来，半个球体凸镜像坎中之阳。"**此物秉太阳火精，故世人用以取火**"，把这个东西对着太阳，拿个纸一照就烧起来，没有看到火就点燃了。"**然必向日中取之，才能得火，只因这点真阳，原是日魂之光**"，这个凸镜上面并没有火，可是它有这个功能，是太阳精魂的力量。在这个凸镜上面一照会起火，"**日为光之所聚**"，太阳为光之所聚，就是焦点，"**阳燧为光之所招，以火取火，安得不灵**"，焦点达到了这个凸镜上面，就点燃了。所以他说《参同契》原文讲"**阳燧以取火，非日不生光**"，用阳燧来取这个火，没有太阳就不会发出火光来。

修道的老蚌

同样，中国古代所谓的宝贝，"**方诸是蚌珠**"，这方诸是千年老蚌的那个珠，你看人多残忍，把这些动物修了多少年的这个丹挖出来，给自己做耳环，做首饰，多可惜！方诸"**其体中虚**"，中间空的，"**象离中一阴**"，离卦中的阴爻。"**此物秉太阴水精**"，它是阴性，蚌壳或者是蚌珠都是寒性，是滋阴的，但很难消化。男性老年常需滋阴，就是离中一阴的关系。女性也常有人需要补阳，就是坎中一阳的关系，这都是古代医学的高明。

"**故世人用以取水，然必向月下取之，才能得水。**"这个方诸太阴的水精，据说夜里把它放在碗中，有月光照射会出水。"**只因这点**

真阴，原是月魄之精"，月亮出来，空气里头湿度增加，碗里就有水了。汉武帝修一个承露盘，就是接受这个夜里的水汽，夜里太阳没有了，空气里头的水分多湿度高了。有人抱怨气象台不准，因为没有管湿度的问题。像这一间房子，我常常说是南北极，坐在窗边的，好热呀！脱衣服；坐在北边的人正要加衣服呢。这就是物理作用，修道要懂得这个道理，处处都是学问，都要留意。

"月为精之所藏，方诸为精之所摄"，月亮是藏阴精的，方诸就吸收这个月亮阴精，这个就是蚌壳修道，鱼兵虾将也会修的，所以你看月亮好的时候，海边那个蚌就出来张开对着月亮晒，它凝结起来结珠就成这个丹。现在的科学研究，有的说是蚌的癌症，反正结块它就叫做癌，古人就叫做丹，搞不清楚。他说方诸本身是水体，"以水取水，安得不应"，所以就有感应，月亮一照就出水。古代替皇帝们熬药，普通的水不能熬药，要这一种水。有人说用蒸馏水不行吗？蒸馏水不同，这是自然的湿度的水。中国讲医药很麻烦，有些药要天露水，又称无根水来熬，看药书要了命。下雨时在户外接下来的雨水叫无根水；还有阴阳水，就是溪水河水合流处的水，溪水和河水各一半，所以这个道理都要懂得，不然你怎么读古书！有人甚至把阴阳水想歪了，歪得一塌糊涂，那就很糟糕。

"故曰"，他现在是解释《参同契》原文，"方诸非星月，安能得水浆，此即坎离互用之旨也。"方诸不是天上星星，也非月亮，是动物变的，结果月亮一照它会生水，他这个道理就是物理作用，就是"坎离互用"的作用。"天上之日月，与世间之水火，相去不知几万里，可谓元且远矣"，天体中太阳月亮与我们地球上水火隔那么远，"然而隔阂潜通，如磁吸铁，正以同类易亲，故二炁自为感化，而相通也。"太阳跟地球虽隔得远，但是能量可以吸收的，用对了等于磁石吸铁一样就过来，这就叫"同类"，是用对了同一类，

"易亲"是容易亲近。所以阴阳二炁就起变化而相通。你懂了物理的道理，就懂了生命的道理。

有情无情皆感应

"远取诸物，无情者，尚且相感如此"，没有思想的东西叫做无情，矿物和植物是无情。无情的东西就是物理作用，物理作用不是心理作用，心理作用是人的情感来的。无情的东西尚且互相起物理的感应，"矧近取诸身，有情之真水真火，切在方寸之间"，更何况我们是有情生命，更会有感应。

上面讲那么多的理论，只要你懂得这个宇宙的生命，就可以引用到自己身上来，这个秘诀就告诉你了。所以为什么打坐坐得好时，精神就非常好，因为你无形中已经吸收了宇宙的功能，所以念头越清净，打坐就越有精神。人为什么睡一觉精神会好？因为心里没有思想挡住，他同这个宇宙物理相通，所以精神来了。你假使懂了这个原理，更知道修道的方法，老年人返老还童，说不定会长生不老，这并不是谎话。如果又想升官发财，又想功名富贵，样样想要，又想修道成功，没有那么多便宜！这是要专修的，千万注意。所谓专修，万缘放下，一切都放下，真正一个人去修了。可是一个人专修还不成，还有那么多道理、那么多学问要懂，还有那么多条件，还有那么多方法，都要理解。所以他说我们这个身体跟宇宙关系那么微妙，我们生命只要一口气没有断，就自然有真水真火。这个真水真火"切在方寸之间"，它在一念之间，在心里头。

"至虚至灵，一呼即应"，这个呼是叫的意思，是一叫就回来了，等于你动念修道就有感应，只要方法对念头正，感应就来了。"两弦真炁，有不相感化者乎"，所以念头一正，阴阳的境界一摆对了，宇宙的真气、阳能同真阴就跟你配合了。

结合日光月精于体内

"所以离中真水，往而流戊。坎中真火，来而就己"，心属离，它是火，火是阳，阳中有至阴之液，所以古人叫心液，就是真水，流到中宫之土。"坎中真火"，有时候我们打坐，丹田发暖上升，这个是坎水中的火，下部上来的阳能"来而就己"，戊己都是中宫，都到中间来会合。这是"假法象，而采太阴之精"，假就是假借，宇宙太阳月亮的作用，丹田的作用在这里，不是叫你守窍，如果非要守窍不可的话，最好守中宫位还比较稳当，勉勉强强。所以不要乱来。现在乱传一通，修密宗道家，修气修脉，光是鼻子哼呀哈呀，懂这个方法也不会成功的！一定要懂得配合宇宙的原理，那才可以修气脉成就。

"立鼎器，以聚太阳之炁，自然同类相从，结成鄞鄂。"结合太阳的作用成一个东西，或者结成一个范围。鄞鄂就是范围，像城墙一样固定了，因为"盖真阴真阳，互藏其宅，便是吾身之日月"，真阴真阳到了身体上面，就是自身的日月，这个人气象精神就越修越好了。这是无形的好，不是有形的好，因为他受这个天地真阴真阳的感召，所以"日光月精，相胥为用，便是吾身之水火"。这个在道家叫采药，采宇宙三光之药，天上的三光是日、月、星；人身的三光是眼、耳、心，都很重要。眼睛、耳朵、念头思想，也就是精气神。所以你要采药，是采宇宙的功能到身体上来，变化自己的生命，这才叫真正的采补。所以采补不是什么男女采补，假使修道把男人身上的取到女人身上来，把女人身上的拉到男人身上，那是废物，有什么用呢？如果损人利己能够成神仙的话，我们就不需要修了。道呀佛呀绝没有损人利己，只有自己布施出来的。所以修炼是采补天地的精华到身上来，因为天地本来就是布施出来的，它送给你，你不晓得利用就是笨蛋。所以这个是真正的采药、采补。

"其间采取感召，全仗中黄真意，即吾身阳燧方诸之妙用也。"这个中黄真意就是正念，所以佛家叫正思维，一念的正念。意念一正，禅宗叫无念，没有杂念妄想，一念清明就是正念在这里。正念在这里，宇宙的功能自然感召到你这边来，不要你去采它，它自然也归到你这边来，这个就是"吾身阳燧方诸之妙用"。所以修道家要清虚，不要守窍，不要做功夫，这是无上丹法。佛家则要空，大家好好地打个坐，杂念妄想真正清净，十五分钟就有效果了，坐个把两个钟头当然舒服呀，因为宇宙之炁，阴阳之炁到你身上来，感召了。

"故曰，阴阳配日月，水火为效征"，你只要静一下就有效果了，并不是静的功能，一般的书上认为是静本身的功能，认为打坐静下来没有念头就收效，错了。道家不讲这个，正统道家说是宇宙物理的功能，你静了以后，感召宇宙物理之气过来交流，把它凝结住了。普通因为你脑子不空，心里不空都在思想，所以宇宙功能到来，都被你消耗掉了，或者阻碍掉了。因此打坐的好处并不是静的功能，而是阴阳天地感召的作用，所以说，"感应道交"是与诸佛菩萨感应道交。

第七十九讲

关键三宝章第二十二

耳目口三宝，闭塞勿发通。真人潜深渊，浮游守规中。

旋曲以视听，开阖皆合同。为己之枢辖，动静不竭穷。离炁纳荣卫，坎乃不用聪。兑合不以谈，希言顺鸿蒙。

三者既关键，缓体处空房。委志归虚无，无念以为常。证难以推移，心专不纵横。寝寐神相抱，觉悟候存亡。

颜色浸以润，骨节益坚强。辟却众阴邪，然后立正阳。修之不辍休，庶炁云雨行。淫淫若春泽，液液象解冰。从头流达足，究竟复上升。往来洞无极，怫怫被谷中。

反者道之验，弱者德之柄。耘锄宿污秽，细微得调畅。浊者清之路，昏久则昭明。

内三宝　外三宝

这一章是专论，很重要，为了争取时间，希望大家自己先看一下。"关键三宝"是修道的基本方法，是功夫的原理。老子说他有三宝："曰慈，曰俭，曰不敢为天下先"，看来也像是讲政治原理，实际上同修道都有关系的。"慈"，心能够养成仁慈，有慈悲心才能修道。"俭"，一切都不浪费，精神也不浪费。"不敢为天下先"，不要故意去造作。道家说的三宝，和老子的三宝不同，佛教进入中国后，也采用了这个名字，把佛法僧合起来叫做三宝。三宝本来是道家的名称。

"此章，言关键三宝，内真外应，乃养性之要功也"，虽然讲养性，注意性命双修，懂得了养性，命在其中矣，命功就在性功里

236

头。"耳目口三宝，闭塞勿发通"，眼睛、耳朵、鼻子，这是外三宝。"闭塞勿发通"，就是修道人不准讲话，开口神气散，多讲话伤元气。现在讲外三宝，眼睛闭起来，耳朵回转来，心念不妄动，嘴巴当然闭住了，舌抵上颚，大家打坐都知道。

"真人潜深渊，浮游守规中"，真人就是我们自己，这个人不是这个身体，是我们的那个真东西。精气神不过三宝之一，是帮助的药，拿这三样东西锻炼自己这个真人，真正的我，打坐修道的第一步就是这样。真人自己这个我，不是意念，不是妄念，不是妄想，而是潜伏在深渊里头。一般人以为修肚脐是深渊，那已经不是深了，肚脐很浅。这个深渊不在身体内部。"浮游"就是优游自在，"规中"在道家就是两个圈圈，也不是在中宫。在密宗叫做宝盖，也是两层。道家也有以葫芦来代表的，葫芦就像人的身体，葫芦头就是我们这个头，上面一节下面一节，中间一个腰，两个圈圈中间的地方就是有形的"规中"，无形的则没有位置。

再看注解，"此节，统言关键三宝之要道也。修道之士，有内三宝，有外三宝。元精元气元神内三宝也。"内三宝是我们自己有的，不是靠外面呼吸气来，做气功不是真的气，是外面呼吸之气，是有生灭的。生命一口气不来，不是空气不来，是内在气没有，能源没有就完了。因怕大家以为空气这个气就是真的气，所以他改个名字叫"元精"。元精、元气、元神这是内三宝。

三宝不漏存元神

"耳目口，外三宝也"，外三宝"耳目口"，内三宝"精气神"。"欲得内三宝还真，全在外三宝不漏"，他说要想达到内三宝还真，精气神各归本位，还到原来的境界，做功夫开始是耳目口不漏。因此《阴符经》所谓，九窍之邪，在乎三要是也"，这是《阴符经》的原文。《阴符经》分两种，一种是道家修持的，所谓黄帝传下来的；一种是兵法，但是同修道也有关系。所谓姜太公传下来的《阴符经》，讲九窍，我们人身上的九个窍，头上七个加下面两个。"九窍之邪"，邪是指它不是元精元气，都是假的，"在乎三要"，就是元精元气元神三个重点，必须先要把耳目口关闭起来，这是修的初步。

"下手之初，必须屏聪黜明，谨闭兑口，真元方不外漏。"所以我们修道打坐要闭起眼睛，垂帘，不是全闭。不过现在我是主张全闭，现代的人用眼睛太多了，所以闭着才是养神之道。这个"屏聪黜明"是一切聪明用不上，思想都用不上。"谨闭兑口"，兑是卦名，这个符号代表了人的嘴巴，不要说话。这样耳目口三宝关闭起来，"真元方不外漏"，真正的元神才不外泄了。

"故曰，耳目口三宝，闭塞勿发通。外窍不漏，元神内存"，现在讲理论方法就是如此，不是道家讲的守窍。譬如今天有位同学讲，过去学过道，因为守上窍的习惯，思想精神都在上面，头就很重，很闷，下不来。一般修道家叫你守窍，随便你守哪一窍都有感觉，不要认为是道的功夫，这是很普通的道理，因为人体注意力集中到那一部分久了，那个部分神经就起反应，气血也必定集中。

正统道家没有告诉你守窍，现在告诉你这个理论，到了"外窍不漏，元神内存"，外面关闭了，我们内心的那个灵知之性，又不睡觉，又没有乱想。儒家形容是一点灵明自在，理学家形容四个字"昭昭灵灵"，你里面很清楚。所以前后会合，里外自然融为一片，就定得久静得久。不过你静不住，眼睛又想张开，耳朵又想听外面，这就不对了，是习惯的走漏。所以佛学讲无漏，就是六根不外流，归到内在归元了。

无位真人　元关一窍

"前后会合，中间有一无位真人，潜藏深渊之中"，这中间有一个无位真人，这个名称是唐代禅宗临济祖师讲的。这个无位的真我，既是无位，所以不是在上窍，也不在中宫，也不在丹田，但是三处又都有关联。所以他的无位真人就是真我，我们这个昭昭灵灵，一灵不昧这个真我，潜藏在内部，不是身体内部，是"潜藏深渊之中"，藏得很深。深渊之中是形容，等于一个东西把它丢到海底去了。密宗及道家讲海底就是人体的下部，叫海底好像是固定的位置，变成有形的了。其实海底、深渊都是形容词，就是藏到深不可测，没得位置了，是下沉，不是上升。

"深渊乃北极太渊，天心之所居，即元关一窍也"，古人形容这个北极太渊，深不可测。道藏中有一本书叫做《五岳真形图》，都是黑点白点，都是洞洞，讲这个地球下面有通道，整个是连的。是否如此，我们暂不做结论，这里讲北极太渊是形容词，是借用，不是讲有形的地球物理。"天心之所居"，天心也是道家的名词，这是天地的中心点，宇宙其实没有中心点，是人为假定有这个中心点，叫做"元关一窍"。这就是正统道家，他绝没有告诉你在哪儿，所以叫元关一窍，也没有说就在这里，也没有说就在丹田。一般传你的，是守这个窍，那个窍，算是元关一窍，那简直是乱窍，骗人的。正统道家所说的"元关一窍"，就是专一的意思，是无位真人之道，不是任何固定的部位。

"元关在天地之间，上下四方之正中，虚悬一穴"，注意最后四个字，没有真的位置，你假设它在哪个地方，它就在哪个地方。譬如胃不大好的，你坐在那里静坐修道，自然就守窍了，是生理的本能。你不加上那个注意力，本能的注意力已经集中到那里去了，已经无形中在治疗，所以再加就多余了。就在那个地方守这一窍，慢慢就治疗好了。所以"虚悬一穴"，它无所不在，没有真实固定的部位。

下面是引用庄子的话，"其大无外，其小无内，谓之规中。中有主宰，谓之真人。"规中无大小内外，中间是人为假定，所以称它为规中，是理念的名称，不是生理上实质形象的名称。所谓规中，其中自然有主宰，中是代表可以做主，不是偏的，这样谓之真人，就是我们生命的真我。这个肉体不是真我，即使活两百岁，有一天还是要毁坏，就像一个房子一样。我们真正的精神生命是借这个房子来住的，这个是真人，修的是那个东西。"守而勿失"，所谓守窍就是关闭外门外窍，"谓之抱一"，抱一就是集中在一点，可是并不是用有意的注意力。

如果把炼元神、炼元气、炼元精的各种方法统计一下，那很多。据我所了解的，就算练气功吧，有两百多种方法，包括印度的瑜伽术，中国的气功，各种各样。我说人真奇怪，就两个鼻孔，一个嘴巴，同样呼吸的气，会产生那么多的花样，每一个方法都有效。大效有没有？不见得有，一个方法做到底，不晓得变通就成问题了。真正的元气不是靠这个，是内在自己本身生命来的，原理是如此。我们身体上这个小天地，同天地宇宙的法则一样，本身那个真元发起来，就是最好的药。这里把这个原理方法都讲清楚了，一点都没有保留，没有任何秘密。

修道的秘诀

"然其妙诀"，诀就是口诀，道家叫诀；佛家叫做密法，秘密的法门。外道所谓旁门八百，左道三千，各种方法多得很，不过是偏向的，都是要传口诀的。所以老师传你口诀，一般六耳不同传，师父告诉徒弟是在耳朵边上讲的，那么神秘，还要赌咒发誓。

现在你们不要外求了，本经统统告诉你，怎么用功修道，妙诀"全在不勤不怠，勿助勿忘，有浮游之象"。勿助勿忘是孟子的话，不勤不怠是道家加上的，如果加上佛家的话，就是"不增不减"，三家共同的道理。所以孟子讲修养、养生最彻底，一般人修道都是揠苗助长，求速效，那就完了！这个东西不能求，所以要"不勤不怠"，不要过分地用功。如果不吃饭，不睡觉，我要修道了，那是自寻烦恼。所以只要优哉游哉，勿助勿忘，当然也不能优游过度。所以他说用功的要点为"不勤不怠"，怠就是懈怠，不要偷懒，也不要过分勤快；"勿助勿忘"，中庸之道，也不要帮助，也不要丢掉。"有浮游之象"，这个浮游是中国古代传统的文学，庄子叫逍遥，佛学叫自在。我常常告诉一般同学朋友们，你们修道要修到逍遥，学佛要学到自在。你看那些信宗教的人，一脸宗教相，装起那个修道的样子，那个死相最讨厌，既不自在又不逍遥。现在用功的重点告诉你，"浮游自在"，又逍遥又自在。古人有一句话说，我们讲过好多次了，要想长生不老，"神仙无别法，只生欢喜不生愁"，一个人天天要哈哈大笑，一天多笑几次，比你打维他命吃补药都好，一笑脑神经就松了。你看每一个人走在街上，那个苦瓜相像银行讨债的面孔，一天到晚心里在烦恼，脸上每一个细胞都绷紧了。你这样修能够成道？我第一个不相信！

"故曰，真人潜深渊，浮游守规中"，这一段讲用功的境界，方法很老实都告诉你。"此四句，乃养性之要功，一章之纲领也。"真能养性，命功在其中矣。你真做到明心见性，气脉修都不要修，自然通了。换句话说，不通也不会明心见性，能明心见性，气脉自然打通，所以养性命功就在内了。现在什么秘密都告诉大家，这就是正统道家。

下面原文，这一类都是方法。"旋曲以视听，开阖皆合同。为己之枢辖，动静不竭穷"，这书中的巳字印错了，是自己的己。"离炁纳荣卫，坎乃不用聪。兑合不以谈，希言顺鸿蒙。"希言是老子的话，这个原文我们不加解释，下面有了，就是讲用功的方法。

用功的方法

"此节，详言三宝关键工夫，坎属水是为元门，离属火是为牝户，兑为口内应方寸"，三门都关闭起来，是修道打坐的这个原理。坎卦，在身体代表了耳朵，属于水，是所谓元门。这个玄关的门户很重要，所以老年人耳朵聋了，肾气衰了，叫做气不归元，因为耳通气海。但是这个眼睛也通气海，眼睛老花看不见了，同肾脏肝脏两方面有关系，就是内部老化的缘故。当然近视眼也是，再加上肝脏、肾脏不好，内部的那个能的作用不灵了，外表就出来现象。所谓"元门"是坎卦这个水，包括了人体全部的荷尔蒙。元门本来是坎卦，属阴，可是元门是阴中之阳。离卦是火的符号，代表心脏，也不完全是心脏，代表思想这部分，属于牝户，牝是阴的，阳中之阴。这个阴阴阳阳，大家闹不清楚，一个原则就懂了，天地任何事物都是正反两面，有正的就有反作用，有反的就有正作用。所以阳中必有阴，阴中必有阳，就是这个道理。兑卦代表嘴巴，"内应方寸"，嘴巴对应思想这个心，方寸就是代表心。

"学人入室之时，当收视返听，转顺为逆"，注意啊，怎么叫入室？古人准备修道了，就万缘放下，什么家庭儿女，什么事业，一切都丢掉，一个人孤零零到一个地方去修，这叫入室。不是说把房门一锁，我要修道了，不要来吵我，我入室了，那叫装模作样。真正的入室不一定闭关，就在这个世界乱哄哄之间，自己把六根关闭，就是真入室了，真闭关了。他说开始修的人入室之时，四个字的口诀，"收视返听"，把眼睛神光返回转。修道者把神光返转，不是两个眼睛向上翻，收视不是这个道理，只是眼睛的外皮关起来，道家比喻它像窗帘垂下一样，叫做垂帘。眼神还是照住，摆在那里，你那个意识、注意力不向前面看，向哪里去呢？向没有地方去的地方去，这样就是"收视返听"。

我们普通人习惯，耳朵喜欢听声音，寻找每一个声音的来源，就是从小孩开始的习惯。上面口诀也告诉你了，"收视返听，转顺为逆"，修道是一切都收回来，关闭了，像电视机一样把它关闭，转顺为逆，倒转来，凡事都放下，就关起来了。

"其门户之一开一阖，皆与元牝内窍相应。故曰，旋曲以视听，开阖皆合同。"我们对外的开阖门户，如眼睛在看之类，都是拼命用自己生理的机能，认为越用越好；可是人到底是肉做的，比钢造的差劲，用过分了就会出毛病。所以你看这个时代，依我讲叫做眼镜的时代，年轻人都戴了近视眼镜，我是最痛心这一件事情。像我们从小看书，老实讲，你们看书不能跟我比数量，我到现在也不老花，少一点就是了，但是绝不近视，就是因为灯光不同。你们看书也不会看，就像药山禅师讲的，把牛皮都看得穿似的，眼睛瞪得好大盯着看，看了又记不得。

练习回转

我从小的读书习惯是书来看我，我不去看它。把书摄进来，又容易记住，所以有时候并没有想那个句子，而是想那个书的影像，哪一句话在哪一行我都还会记得。你们呢,是自己到书上去,最后老花了。看电视看电影也要这样看,叫电影跑到我前面来。你们看电影又哭又笑,都无我了,你还看个什么电影!你上去演多好呢!生命就那么消耗了。所以道家所谓"旋曲以视听",旋曲就是回转,回到自己这里,视听都要回转来,不要把精神散向外头去。这个口诀也叫你们练习练习,看东西不要眼睛盯住看;就是讲恋爱要看对方,也是反过来你来看我吧。

"开阖皆合同",这个就是功夫了,平常训练自己,眼睛看东西,耳朵听外面,一开一闭之间,念念在"勿助勿忘""浮游守规中"!

"坎中纳戊",这个不多啰嗦,因为你们诸位对于五行八卦这些不大熟。"离中纳己",戊己都是土,在人体上代表胃的部分,抽象观念就是中位。"戊土属阳主动",这个土还分两层,戊土是阳土,主动,代表了意,我们这个思想意识。"己土属阴主静",己土是什么呢?我们这个意识思想不用,恢复到休息状态就是"己土"。

"然离中一阴,体虽静而实则易动",离中一阴就是阳中的阴,是我们这个思想,本来应该宁静,可是我们人习惯随时随地都在思想,静不下来。不是打坐叫做静,是内在这个思想静下来才叫做静。

所以《易经》上四个字形容,"憧憧往来",这个思想在里头乱跑,"不可禁止",你禁止不了。大家学佛打坐就想把自己思想禁止,可是你没有办法禁止。你说我把它压下去,一点不让它想,那岂不是另一个大想?你想压下去那个想,也是一个想。

道家告诉你,思想怎么才能真正宁静呢?"惟赖坎中真阳,出而钤制之",坎中真阳,坎是代表北方水,水中精就是说本身的元阳,也就是密宗所讲气脉通了,道家所讲真阳发起了。本身生命在肉体上有一股力量——真阳，有上升下沉的作用。这股力量一来，思想不动，宁静归一了，所以叫性命双修，必须要本身的元阳"**出而钤制**"。这个东西有很多代号，道书上也叫做铅。思想飘浮不定像水银，碰到铅——真阳，水银就被吸住不跑了。人体这个思想，要在本身真阳发起来时，才能够真正达到静、定、安这个境界。

第八十讲

三宝关闭之后

"若门之有枢，车之有辖，庶乎一开一阖，动静各有其时，而元炁不致耗竭矣。故曰，为己之枢辖，动静不竭穷。"这个一开一阖已经很明白了。"元窍中先天祖炁"，这个元窍就是原来道家所讲的守窍，并不是有形的，如果大家一定要有形，最好在中宫。先天祖炁是道家的名称，不是人为后天呼吸修得成的，祖炁是本来有的。"本来鸿濛未剖，惜乎，前发乎离，以泄其明"，祖炁开始本来没有分，到了眼睛就变成看东西，眼神把它用掉了。"后发乎坎，以泄其聪"，到了耳朵变成听声音的功能，也泄了。"中发乎兑，以开其门"，到了嘴巴就是讲话，门打开了。所以"三者俱散而不收"，眼睛、耳朵、嘴巴，三者都是在消耗生命精神。"先天之炁，所存者几何哉"，先天元炁，我们生命的能源，天天在消耗，还能剩多少啊！用完了就没有了。

"必也默默垂帘"，所以修道第一步要静坐，眼睛闭起来。"频频逆听，则坎离之炁不泄矣"，你回转来耳朵不听外，返听内在，元炁自然不泄漏了。

"故曰，离炁纳荣卫，坎乃不用聪"，荣卫是中国医学的名词，就是气与血，不是现在说的营养。"括囊内守，混沌忘言，则兑口之炁不泄矣。"所以初步修道就是求一个静坐的境界，像口袋一样把它封起来，里头混沌静静的，不明不暗，不说话。"故曰，兑合不以谈"，嘴巴合拢来不讲话了。"希言顺鸿濛，即所谓耳目口三宝，闭塞勿发通者也"，鸿濛就是宇宙天地未分的那个境界，在这个境界中，耳目口三宝关起来，不与外面通才行。

下一句话要注意了，"此中秘密全在口字"，也就是说修道的秘密全在一个"口"，这个口呀就难办了。"此口是元关一窍，吞吐乾坤。因天机不可尽泄，姑取兑象，非世人饮食之口也，必须真师指示，方知其妙。"道家讲这里就是一个关键，这里的口字不是指嘴，而是指身体上同宇宙关系密切来往的地方，所以天机不可泄漏。讲到这里，每一本道书都说不清，所以只好拿个卦名来代表叫做"兑象"。注意呀！这个"口"要打开，必须要真正修道成功的老师，"方知其妙"。先声明在先，我是假师，不是真的，他说天机不可泄漏，我也很害怕有什么天打雷劈、五马分尸的。过去好多次提到过，这个"口"是"上口"，大家自己回想起来就懂了。

再看本文，"三者既关键"，这三个关键锁住了，"缓体处空房"，修道的人不要紧张，静坐的时候一切放松，在一个静的地方，思想宁静，归到空的境界。"委志归虚无，无念以为常"，禅宗讲的无念是《参同契》先提出来的，当时佛教还没有进入中国；禅宗六祖所讲"无念为宗"，实际上是取用《参同契》中的话语。这里说"无念以为常"，经常做到在无念的境界。"证难以推移，心专不纵横"，修道要求的是亲自证到，这个不是理论，第一要做到无念，无念做到了就是养性。下面告诉你身体不要紧张，一切放松，放松，从头脑起放松，静坐也好，平常也好，都要放松。尤其这个时代的人，眼睛、耳朵包括脑筋，六根都在紧张。所以"缓体处空房，心专不纵横"，是要专一，静到专，专到无念境界。

真人的优游

"寝寐神相抱，觉悟候存亡"，这两点很重要，睡眠的时候，身体在睡，里头的元神还是昭昭灵灵，不昏迷。守到这个诀窍，白天醒时不要把精神外漏，感觉内部这个元气元精的生长，一点点都要清楚。换句话说，静坐久了，内心的感觉功能会越来越灵明，就是这个道理。

再看注解："此节，详言潜渊守中工夫。耳目口三者，既已关键严密，一毫不泄。"三宝既然关起来了，"则我之真人自然不扰不杂，优游于深渊之中"了。我们自己本有生命自然在那个空洞的境界里头自在优游，"此中空空洞洞，别无一物，有若空房然"，这与禅宗所讲"本来无一物，何处惹尘埃"是同一个道理，同一个境界。

"故曰，三者既关键，缓体处空房"，空房是抽象的名称，并不一定要关到一个房间里头，而是内心永远在空灵的境界中。保持这样无念，静到极点，当然要时间，三天、七天，或是一百天，等到内在"先天一炁，原从虚无中来"，空极了，身上的气脉就通了。所以密宗、道家修气脉，太用意去修都不对。你有个反应有个感觉，那不是真炁，是凡精凡气，是普通的生理上的反应。这个真正元炁一来，气脉刹那之间同时都打通，那是真炁来了。这个真炁从哪里来呢？从虚无中来。你念头思想越空到极点，感觉知觉就越空到极点，所谓真空生妙有，才有可能发生真炁从虚无中来。

所以修道的人"必委致其志，虚以待之"，在佛学讲空，要空到什么程度呢？"至于六根大定，一念不生，方得相应"，六根这眼耳鼻舌身意大定，都不动了，感觉状态都没有了，到这个境界才属于静。如果身上还在这里跳一下，那里动一下，那完全是感觉，是你的意识在动。六根包括身根，身体的反应在动，就是身根没有大定，所以都不是。要六根大定一念不生，方得相应。相应还不是完全，是同静的境界差不多而已。

再说无念

　　"然所谓无念，只是常应常静，不出规中，非同木石之蠢然也。"真正的所谓无念，我们曾经发过吕纯阳的《百字铭》给大家，上面说"真常须应物，应物要不迷"，无念不是什么都不知道，什么都不知道是大昏沉，不叫做无念。真正无念是真常须应物，应物要不迷，还能做人做事。所以禅宗强调这个地方，修养要做到"于心无事"，能够遇事做事，心中没有动念；"于事无心"，这就是真正无念。"不出规中"，没有跳出过圆明清净这个圆圈。所以讲"非同木石之蠢然也"，不是变成木头、石头一样，什么都不知道。如果以为那是无念，认为是得定，佛经叫你不要做这个功夫，他生来世的果报是变猪。所以"常应常静，不出规中"，不同于木石的无知。

　　"无念之念，是为正念。正念时时现前，方可致先天一炁，而有得药之时。"长生不老之药，祛病延年就是靠静极而来。所以老子也说："致虚极，守静笃。万物并作，吾以观其复。夫物芸芸，各归其根，归根曰静，是谓复命。"到这个境界，先天一炁才来，这个气脉就通。学密的人，这些原理搞不清楚，拼命去修后天的气脉，搞了半天白搞，没有成就，因为违反这个原理。所以真到无念，真到了空，气脉就一时顿通，这同于禅宗所谓的顿悟，一下就统统打开了。

　　正统的道家功夫就是这样，"故曰，委志归虚无，无念以为常"，所以性命双修，每一个人都是神仙，都是佛，都是上帝。"此事人人具足，本不难取证，有如立竿见影"，这一件事情，每一个人都做得到，而且真正原理对了，方法用对了，做功夫就有效验，像太阳下面插竹竿，地上就出来影子那么快。

　　"世人取证之难，正以心志不专，时刻推移，纵横百出，遂望

第八十讲

洋而返耳。"一般修道的人,第一不能专心一致,原理搞不清楚,有些人闭关两天半,影子也不见了,跑出去了。心志不专随时变动,东一下西一下,又想学道又想修密宗又想修净土,样样都想抓住,又怕靠不住,还是往生西方极乐好一点,念了半天能不能生净土呀,还是修道家好。自己游移不定,"纵横百出",人太聪明,"遂望洋而返耳"。所以到了海洋,渡不过只好回去,到不了彼岸。

专一是什么状况

"倘入室之时,心志专一,推移不动,绝无纵横之病,则可以得之于一息矣,有何难证之道乎? 故曰,证难以推移,心专不纵横。"假使这个人放下一切专修,一下就可以达到。道并不难证到,很容易。记得我们小时候学毛笔字,老师写一首诗,要我们在纸上临摹的:

> 三十三天天重天　　白云里面出神仙
> 神仙本是凡人做　　只怕凡人心不坚

这一首是通俗的诗,白话文学,是近代一个道家人作的。据说他在清代来到台湾,这诗还写在宜兰山上一块岩石上。我记得几十年前报纸登过,有人在宜兰山上看到的确有这样一首诗。所以修道和成道并不难,就是此心能否专一的问题。

"此心既不动移,十二时中,行住坐卧,不离规中,即到寝寐之时,向晦晏息,一点元神,自然与与元炁相抱,如炉中种火相似",一天十二个时辰,都在一念不生这个境界上,即使在睡觉的时候,这一点昭昭灵灵,一念无念一灵不昧的,自然跟本身生命元炁配合为一了。道家形容是八卦炉中炼丹,炉子里永远有一个火种。所以密宗讲修拙火就是这个道理,不要以为我丹田发烫是拙火来了,不要搞错,拙火是意火。

"犹恐或致昏沉，必须常觉常悟"，所以永远关照它，"冥心内炤"就是内照，照见五蕴皆空那个照。"察规中之消息，候真种之存亡"，要知道这一点真种子的存在。所以你们打坐，里头如果没有一灵不昧的话，就是张紫阳真人《悟真篇》里的两句话，"腹内若无真种子，犹如炉火煮空铛"。所以道家反对空心静坐，你坐几十年也没有用。

"故曰，寝寐神相抱，觉悟候存亡，如此用心，何虑金丹不结，真人不现"，这个路走对了，长生不老之道，个个都做得到，这个原理都说得很清楚了。

变年轻漂亮了

"颜色浸以润，骨节益坚强"，回到本文，你功夫做对了，就有返老还童之象，你皮肤的颜色润泽，筋骨越来越健康，而且是越来越软，转成同婴儿一样。这个时候，你打起坐来，有时身体内部都听到咔嚓咔嚓响，骨头也慢慢软化起来，都变化了。老年人身体胶质少，石灰质增长就硬，如果修到元精元气守住时，这骨节有了胶质就越来越软，那是十分效验的。譬如有些人有灰指甲，功夫真到了，看到那个指甲中一层·层退出去了，灰指甲就没有了，本身的元气有这样厉害。所以这样下来，身体就越来越健康了。"辟却众阴邪，然后立正阳"，身体上的阴气，病的现象都赶跑了，老化现象也消退了。

"修之不辍休，庶乎云雨行"，先能够返老还童，再用功努力进步，近视当然没有了，眼镜可以不戴，老花眼也会退回去。然后就是另外一层境界了，身体变成气体，在密宗来讲，这个身体就变成一个琉璃球体，所以东方佛药师琉璃光如来，身体就是个气，是水

253

晶体。水晶是形容，说明他没有实质，内外透明。"淫淫若春泽"，口水，荷尔蒙的分泌源源不绝像春天。"液液像解冰"，形容这个身体昼夜那个舒服呀！都像冰一样的，到了春天太阳光一来，哗啦哗啦就化成液体。你身上精气越来越多，"从头流达足，究竟复上升"，这真正叫做灌顶了，不是密宗喇嘛给你摩摩顶，拿一些水在头上倒一倒。天主教的洗礼、佛教的灌顶都是同一个来源，灌顶是印度名称。五大教主都是东方人，到了西方变了一个名称叫做洗礼。到了这个境界就是真灌顶，真休息了，一路下来浑身都转变了，下来以后再上升，上升又下来，所以九转还丹，就是还丹九转，气脉真正通了。

"往来洞无极，怫怫被谷中"，一往一来很多次。这个时候如果败道就惨了，百病又要重新来过，你还有没有机会就不知道了，要所谓重安炉鼎，再造乾坤。你不要认为功夫已经到了这一步，这一步往往是最容易败道的。道家叫败道，就是失败了，这个只能就文字来形容。什么时间会到这一步呢？每人不同，拿佛学来讲，每人业力不同，根器修持不同，变化就不一样。但是有一个是一样，就是所证的境界是一样的，要搞清楚这个道理。所以一升一降、一阴一阳往来，"怫怫被谷中"，怫怫是形容这个心里的轻松，非空非有，道家老子叫做恍兮惚兮。现在人听到恍惚就认为是昏头昏脑，血压低血压高，没有思想叫恍惚。不是的，道家老子这个恍兮惚兮，是非空非有，很自然很逍遥。"怫怫被谷中"，好像永远在一个山谷里头一样，在空空洞洞的当中，外层好像有气体保护住一样。

真正结丹了

所以他这一节很重要，再看注解，"此节，言结丹之证验也"，就是真正结丹了，学密宗的所谓拙火成就，结丹的证验就是这个。真正成果的现象都是一定的，随便你用什么方法，这个程序是呆定的，没有第二条路，有二皆非真。

"凡人之形神，本不相离"，神跟形，就是肉体跟神，本来离不开的。"真种一得，表里俱应"，一念不生，无念之处，定在这里叫做真种。这一点火种得到了，"表里俱应"，身体内部外面一下子活起来了。"自然颜色润泽，骨节坚强，辟除后天阴邪之物，建立先天正阳之炁。盖一身内外，莫非阴邪。"佛学讲五阴，也叫五蕴，我们都被这个阴盖住了，自己本来的清明没有了，所以一身内外都是阴邪。"光天阳无一到，阴邪自然存留不住"，本身所发动的这一阳活子时来了，能保留住，就是真阳来了的无念境界，一念不生，阴邪自然留不住了。

"更能行之不辍，其效如神"，一路修行下去，这个生理的变化快得很。"周身九窍八脉，三百六十骨节，八万四千毛孔，总是太和元炁流转"，在一团气体中，那就是密宗所讲的乐明无念，真正的境界来了。"但见如云之行，如雨之施，如泽之润，如冰之解"，像天气一样，如云如雨自然现象。"从昆仑顶上，降而到足，复从涌泉穴底，升而到头，彻头彻底，往来于空洞无涯之中，不相隔碍。"从头顶开始下降而到足，又从足底心涌上来，升而到头顶。

"盖天地间，山川土石，俱窒塞而不通"，这个宇宙，在地球上的山、河、岩石挡住了走不通。"惟有洞天虚谷，窍窍相通"，其实太空是相通的，是圆周的，所以到那个境界如同到了太空一样。人身也是这个样子，所以我们普通没有修炼的，他的"人身亦然，肌肉骨节，俱窒碍而不通。惟有元窍虚谷，脉脉相通，与造化之洞天相似。元炁往来，洞然无极，正往来于虚谷之中也。故曰，往来洞无极，怫怫被谷中"。这是最重要的一篇，讲实际结丹的现象。有人说这个境界碰到过，可惜后来没有了。不要瞎吹了！你真碰到过吗？真到了这里不会退的，随时随地，每一分每一秒，都是在这个境界中。如果你有时候瞎猫撞到了死老鼠，然后没有了，丢了，那是意识的幻相。这个不是意识的幻相，是身心实在到了。

所以这一篇和《参同契》上面的一句原文"**此与上篇黄中渐通理，润泽达肌肤相似**"（书中"达"字刻成"远"字，错了），他说这个是"**俱金丹自然之验**"。

身体整个变化

下面讲回原文，"**反者道之验，弱者德之柄**"，有时候，你本来没有病，开始修道反而什么病都来了，所以有许多人害怕了，也不修了。其实他不懂原理，"**反者道之验**"，因为反应特别灵敏，所以地震还没有来他身上早就感应到了，风没有起来也已经感觉。这是弱的境界，"**反者道之验，弱者德之柄**"，所以到了这境界，与天地合一，得与日月合其明，鬼神合其吉凶，自然与天地合一，反应特别快。

"**耘锄宿污秽，细微得调畅**"，身体里头脏的东西统统洗刷了，换一个身体，换一个生命，所以说脱胎换骨。"**浊者清之路，昏久则昭明**"，重点在这里，这又要回转来讲，起初开始学静，静到像睡着了一样，什么都不知道。你心中想，不能昭昭灵灵，这不算一念不生，这是昏沉，所以怕。真正修大道，你尽管昏沉吧，所以有些同学修道，觉得越来越想睡觉，我说难得，你就跑去睡上七天嘛，你看看睡不睡得着？睡了两天你就躺不住了。你真有本事，一个姿势不动睡七天，一下就成功了。你做不到的呀！不可能。真昏到极点，你说大昏沉，昏沉也是它变的呀，你让它昏沉，"**浊者清**

256

之路"，浊到极点，反过来就是清明，那就不要睡觉了。要怎么做得到呢？"昏久则昭明"，阴极了就阳生嘛。不要怕昏沉，昏沉就让你昏沉，你把两个腿盘起来，打坐七天，不准你下来。你有这个本事，我叫你干爹还不够，叫你干祖父好了，拜你做佛做老师。所以你绝没有这个本事！真到了这个境界，"昏久则昭明"，一下回转来就对了。所以《参同契》这一本道书，一切都明白告诉你，只要你自己去修。

朱云阳真人说，"此结言，金丹之超出常情也。"修道的路子，同你平常所想象的完全两样，是相反的，所以以"反者道之验，弱者德之柄"来说明。"何谓反，常道用顺"，我们普通人走顺路，"丹道用逆"，丹道走相反的路。所以"颠倒元牝，抱一无离，方得归根复命，岂非反者道之验乎"？换了一个字，老子的原文"反者道之动也"，这个字换得好，换成检验的验字，越修越弱没有关系，你懂了这个原理，晓得是有效果了，反而会高兴呢。

"何谓弱，坚强者死之徒，柔弱者生之徒"，这是老子的原理，人很坚强，坚强是死之徒，那个柔弱的是生之徒。你看我们这里，有些老朋友弱弱的，早就担心自己要走路了，我说你死不了啦，放心吧。有的人身体强得很，老子不在乎，反而一下就去了，就是刚强者死之徒。功夫道理，人生道理，都是如此。所以"专炁致柔，能如婴儿"，这是老子的说法，养到元炁同于婴儿境界，一切柔软下来，一切弱下来，希望来了，下一步就到了。"自然把柄在手，岂非弱者德之柄乎？"真正练武术的，到了中年以上，少林拳什么都不练，就是走入气功之路。所以我们看到老辈子的高手，你怎么逗他，真打他也不动手，因为他一动手我们就吃不消。我们年轻的时候学拳，一不打叫花子，二不打和尚，三不打病夫，四不打老太婆，不应该打的，因为敬老。有时候老太婆的武功比你高，尤其以前缠小脚的，那个小脚"砰"一踢，你就要了命！

"且辟却阴邪，则身中一切宿秽，悉耘锄而去尽矣。正阳既立，则元炁透入，细微悉调畅而无间矣。"这个时候，身体宿秽都消除尽了，元炁也发起了，庄子说"与天地精神相往来"，天地的精神生命都到你这里来了，佛学说是十方诸佛都来灌顶，就是这个道理。这个就是结丹了，以后飞不飞得起来，所有道书上并不告诉你。

结丹有了真神通

所以"至于金丹始结，脉住炁停"，到这个时候自然结丹了，气住脉停，呼吸停止不是心脏不跳，是很久很久，好像轻微动一下。"复返混沌，重入胞胎"，等于我们刚刚投胎那个样子一样，到这个境界"似乎昏而且浊"，这个时候外面什么都不知道。所以真正入定的人，你骂他也听不见，什么打雷、原子弹下来，他也不知道，什么都听不见了，他就在里头，表面看起来那真是大昏沉，"此吾身大死之时也"。所以禅宗祖师，叫你大死一番，然后大活，就是这个道理。"久之，绝后再苏，亲证本来面目"，这个定很久，不晓得多少时间，每人不同。所以禅宗祖师讲非大死一番不能大活，道家把禅宗所讲的这个境界，老老实实地告诉了我们。"自然纯清绝点，慧性圆通"，这叫明心见性。"大地乾坤，俱作水晶宫阙矣"，内外透明，所以佛经上说"十方世界，如掌中观庵摩罗果"，等于在手心里看一粒橄榄一样清楚，这叫神通。不是二号，二号是神经，这是真神通，要到这个境界就是真神通。

"故曰，浊者清之路，昏久则昭明"，就是这个道理。这一段做功夫的，其实都讲完了。"前段言形之妙，此段言神之妙，形神俱妙，方能与道合真。"这就是神仙境界，就是佛境界。

南怀瑾先生著述目录

1. 禅海蠡测 （一九五五）

2. 楞严大义今释 （一九六〇）

3. 楞伽大义今释 （一九六五）

4. 禅与道概论 （一九六八）

5. 维摩精舍丛书 （一九七〇）

6. 静坐修道与长生不老 （一九七三）

7. 禅话 （一九七三）

8. 习禅录影 （一九七六）

9. 论语别裁（上） （一九七六）

10. 论语别裁（下） （一九七六）

11. 新旧的一代 （一九七七）

12. 定慧初修 （一九八三）

13. 金粟轩诗词楹联诗话合编 （一九八四）

14. 孟子旁通 （一九八四）

15. 历史的经验 （一九八五）

16. 道家密宗与东方神秘学 （一九八五）

17. 习禅散记 （一九八六）

18. 中国文化泛言（原名"序集"） （一九八六）

19. 一个学佛者的基本信念 （一九八六）

20. 禅观正脉研究 （一九八六）

打开微信，扫码听南怀瑾著作有声书

《易经系传别讲》有声书   《原本大学微言》有声书

购买南怀瑾先生纸质图书，请打开淘宝，扫码登陆
复旦大学出版社天猫旗舰店

打开微信，扫码看南怀瑾著作电子书

《孟子旁通》电子书　　　《宗镜录略讲》（卷一）电子书

购买南怀瑾先生纸质图书，请打开淘宝，扫码登陆
复旦大学出版社天猫旗舰店

打开微信，扫码观看
《复旦大学出版社南怀瑾著作出版纪程》视频

打开微信，扫码观看
南怀瑾先生授课原声视频

图书在版编目（CIP）数据

我说参同契.下册/南怀瑾著述.—上海：复旦大学出版社，2018.1（2024.11 重印）
ISBN 978-7-309-13233-5

Ⅰ.我…　Ⅱ.南…　Ⅲ.①道教-气功②《周易参同契》-研究　Ⅳ.①B234.995②R214

中国版本图书馆 CIP 数据核字（2017）第 214800 号

我说参同契.下册
南怀瑾　著述
出 品 人/严　峰
责任编辑/邵　丹

复旦大学出版社有限公司出版发行
上海市国权路 579 号　邮编：200433
网址：fupnet@ fudanpress.com　http://www.fudanpress.com
门市零售：86-21-65102580　团体订购：86-21-65104505
出版部电话：86-21-65642845
上海新艺印刷有限公司

开本 787 毫米×960 毫米　1/16　印张 17.25　字数 194 千字
2018 年 1 月第 1 版
2024 年 11 月第 1 版第 8 次印刷

ISBN 978-7-309-13233-5/B · 636
定价：35.00 元